国家出版基金项目
NATIONAL PUBLICATION FOUNDATION

中国画报画刊

（1872－1949）

彭永祥◦编著　季　芬◦校勘

本书入选“十二五”国家重点

图书、音像、电子出版物出版规划

中国摄影出版社
China Photographic Publishing House

图书在版编目（CIP）数据

中国画报画刊 ：1872～1949 / 彭永祥编著. -- 北京 ：中国摄影出版社，2014.12
ISBN 978-7-5179-0218-8

Ⅰ. ①中… Ⅱ. ①彭… Ⅲ. ①期刊－研究－中国－1872～1949 Ⅳ. ①G239.295

中国版本图书馆CIP数据核字(2014)第281261号

中国画报画刊（1872-1949）

编　　著：彭永祥

校　　勘：季　芬

出 品 人：赵迎新

责任编辑：常爱平 谢建国

装帧设计：杜红霞

出　　版：中国摄影出版社

地址：北京市东城区东四十二条48号 邮编：100007

发行部：010-65136125 65280977

网址：www.cpph.com

邮箱：distribution@cpph.com

制版印刷：北京科信印刷有限责任公司

开　　本：16开

印　　张：21

字　　数：260千字

印　　数：3000册

版　　次：2015年1月第1版

印　　次：2015年1月第1次印刷

ISBN 978-7-5179-0218-8

定　　价：78.00元

目录 CONTENTS

前 言

我从1952年起开始做画刊、摄影书籍和老照片的搜集工作，在几十年的工作中，跑遍华南、华北、东北和西南等地的20多家省级图书馆、档案馆和几十家新旧书店，搜集到大量1949年前印制图画和照片的画刊，同时还搜集一些历史照片，从中选出一些用于新华社的发稿，其他部分经过整理后存入资料库。当时领导和同事都说我所做的资料搜集工作对丰富新华社的图像资料贡献很大，这些画刊和图像现在仍保存在社里。这也是我感到欣慰的地方。

同时我将搜集到手的旧画刊尤其是只有名录的画刊作进一步研究考证，并且将考证整理的资料发表，以给感兴趣的研究人员提供一些史料。

四年前，南京大学的韩丛耀教授带着他的几位研究生，不远千里从南京来到北京，在我的新华社宿舍黄亭子的家里，寻找他的国家社科基金项目的研究资料，并顺手帮助我整理了一些中国近代画报画刊出版情况的史料。在他和他的学生帮助我整理资料的过程中，我们交谈甚欢，相见恨晚。韩教授是一位知识渊博、学风严谨，对中国近现代图像出版很有研究的学者。在与他们相处的时日里，逐渐勾起我在心底已久的一个愿望，就是想将一辈子积累的近现代画报画刊资料经过适当的整理后，出版一部图文并茂的、反映中国近现代画报画刊的出版情况的书。

在我多次恳求下，韩教授在教学和科研任务十分繁重的情况下答应帮助我整理资料，令我万分高兴。近现代出版的画刊名录有近2000种之多，今天能确凿查到相关资料的只有约800种了，有的画刊资料详细一些，而有的画刊资料就很少了。这种工作也许谈不上有多少学术价值，但可以给后人留下一些这方面研究的资料和线索。本书的资料查找、图片翻拍、手稿录入等许多繁重而琐碎的工作，大多是韩教授的研究生季芬老师和罗智子同学做的，她们梳理我那些十分零乱和残缺不全的手稿，十分不易，这样能坐冷板凳整理史料的年轻人恐怕越来越少了。我在这里要真诚地对她们说一声：谢谢！在资料整理和写作的过程中，我的家人给我提供了很多帮助，他（她）们为手稿的誊写、图片资料的整理等都付出了很多劳动，在这里也要对他（她）们说一声：谢谢！

我今年已经91岁了，出版之前的许多事情实在是干不动了，只能委托给韩教授和他的学生去做。我只希望在我“走人”之前能尽快见到这些资料出版，这可是我花了几十年的心血搜集到的“宝贝”。

由于学识粗浅、能力有限，再加上年事已高、记忆力衰退，资料在几十年中又丢失许多，虽然做了很多工作，但仍然未能遂愿。本书的不足之处一定很多，希望读者原谅并予以指正。我真心希望你们提出宝贵的修改意见，如果能在有生之年修改拙作，那也真算得上人生的一大幸事了。

读者朋友，你说呢?

彭永祥

2014年4月

第一章

1872-1910 年画报画刊出版

据不完全统计，在1872年到1910年的38年间，中国出版的带有时事画性质的画刊，共有160多种。初创时期的画刊多为绘画镂版，工序繁琐，成本极高，时效性不强。继而渐渐被石印画刊取而代之，工序简化，成本降低，时效性增强。后期出现了照相铜版画刊，不但时效性增强，图像的印刷质量也大为改观，甚至可以直接印制新闻图片了。

出版业广泛采用石版印刷技术后，大大降低了出版成本，提高了这一时期的出版效率。另外，对于时事画性质的画刊而言，画师成为第一作者，他们经常根据报纸消息、通讯、传闻绘制图画，大部分反映了当时的社会情景，图像参与报道时事才真正走入可能的阶段。

这一时期，摄影技术的采用更是为画刊图像的采编提供了迅捷的手段。各种“时事画”在当时中国开放的城市就兴盛起来，一些报刊更是将新闻性、时效性作为办刊的宗旨，加大绘制图像新闻的力度。图像报道的形式很快普及全国，有力地推动了近现代报刊出版业的发展，这一时期出版的许多时事画刊开始强烈关注社会的热点问题和焦点问题。这种极具新闻性的画刊的诞生和发展，为记录当时的生活状态和文化习俗，以及国家的政治、军事、经济、外交等活动，留下了可供视觉参考的历史依据，这是此前任何一种视觉文化方式都没有系统而有意地做过的。这一时期的图像出版物也达到了顶峰，形成了中华文化特有的图像文化景观。

第一节 1872-1899年画报画刊出版

据笔者多年来在全国20多家省级以上图书馆、博物馆、档案馆、大学图书馆和相关资料室等的调查统计,从1872年至1899年间出版的画刊有近30种,从1900年至1919年间出版的画刊有160多种,从1919年至1949年出版的画刊大约有600种。然而这有据可考的大约800种画刊只有少部分尚存原件,目前能见到全本、残本的不到一半,大部分无处寻觅其真迹,尤其是1872-1899年的画刊更是难见真容。

1872年出版的《中西闻见录》和1876年出版的《格致汇编》是较早刊出时事画和照片的刊物。《申报》也较早刊载时事图像:1876年8月18日《申报》上刊出“浙江股会党被官军缉获”的消息,在刊发该消息的同时,刊登了一幅会党的臂章图样。1875年5月17日《申报》在刊出“美国前总统格兰特来华访问”消息时,除文字报道外,还刊印了一幅格氏的半身像。同时期的其他画刊还有刊登李鸿章与格兰特合影照的。这些图像在图像新闻的瞬间性、现场性等方面,虽不能与当今的新闻摄影同日而语,但在当时这种破天荒的图像处理方式与过去相比,已经相当进步了。

1884 年，广州出版的《述报》创刊号上，曾刊登过多幅时事绘画图。文后记述：有一人会摄影与冲洗，曾为抗法英雄刘永福拍过一幅小照（当时单人头像称为“小照”）。刘永福的这幅小照未刊于创刊号上，而是作为赠品随报附送，还在报馆门口出售。这样，这幅小照很快就流传开了，为早期新闻摄影传播起到了很好的作用。

还有记载说，《新报》曾最早刊出一幅上海的风景图（照片），以使报纸版面呈现图文并茂的视觉效果，吸引读者阅读，可惜并未注明刊出的年月日，至今笔者也未查证到确切出版日期。

《小孩月报》的姐妹花——《花图新报》也曾刊出早期中国拱桥的照片，印制甚为模糊。还刊登过美国人华尔为清军训练洋枪队的照片等，洋枪队后来被太平军打得惨败，华尔独自乘小木船走内河逃命，后在浙江慈溪被太平军击毙，留下一幅狼狈不堪的单人照。

1872 年到 1919 年的 47 年间出版的画刊，早期多是图画，后期出现几种刊登照片的。当时画图的名师有：吴友如、金蟾香、严独鹤、张聿光、马星驰、丁悚、汪绮云（笔名“长白山人”）、刘甘臣、刘炳堂、潘达微、高奇峰等。美国传教士范约翰创办的《小孩月报》开始是自己作画、自任主编，后期聘连柴复等人任主编并分担部分编务工作。这些画师根据报纸消息、通讯、社会新闻绘制时事画，迅即刊于画刊上，内容以反清反帝的图文为主。

以下是对 1872 年至 1899 年间出版的画刊的统计，这些画刊大都刊登过时事画。

《小孩月报》（其一）①

1874 年（同治十三年）2 月在福州创刊，月刊，普洛姆夫人与胡巴尔夫人主编。根据范约翰所编的画报目录可知，该刊每期发行 1200 份，册页，使用福州方言出版。它应该是我国最早出版的画报。

①在 1872-1949 年中国出版的画报画刊中，时有出现同一刊名、不同刊物的现象。在本书中，以出版时间为序，在刊名之后标以“其一”“其二”等字样，以示区别。

图1–1 《小孩月报》（其三）刊出开启孩童心智的《田家舂碓图》。

报刊史学家多次提及该画报，并认为两位主编是传教士的家属，所刊内容有诗歌、名人传记、博物、科学等。图像用铜版雕刻印刷，比较精美。

《小孩月报》（其二）

1874 年 2 月在广州出版，嘉约翰主编，月刊，册页，1874 年 10 月停刊。

《小孩月报》（其三）

1875 年（光绪元年）5 月 5 日在上海创刊，范约翰主编，据说由广州迁至上海。该报自称是广州《小孩月报》的“后身”。刊行 40 多年，其间曾以《月报》《花图新报》《画图新报》《新民报》《开风报》为名出版系列画报，除《月报》极少见到外，其他大都刊行三四十年。

《小孩月报》是近代中国出版较早的一份绘画镂版画报。它的编辑、印刷、出版发行、开本，都随刊名的多次更改而改变，卷期也另起，但教会经营这一性质始终未变。从 1875 年 5 月 5 日在上海出版第 1 卷第 1 期起，范约翰自任主编，初由上海清心书馆出版发行。1–12 期分别出版《小孩月报》和《小孩月报志异》两种，两者篇目相同，只是前者为文辞较深的文言文，孩童难以看懂，后者为白话文。1880 年 5 月以《花图新报》为名出版 2–12 期。1881 年 5 月仍以《小孩月报》为名，而《画图新报》《月报》之名仍存。因其图画增多，印刷精美，1914 年 1 月改名为《开风报》，至 1915 年 2 月出版第 12 期后停刊。《小孩月报》历时 40 年，为中国近代刊行时间最长的画报。该画报现存第 4 卷和第 5 卷（1878 年 5 月至 1879 年 5 月，间有中断），刊出图画有：各国名胜与人民生活习俗、动物、宗教宣传、中外科学知识、人体卫生、著名建筑、名人画像、灾患画。宗教宣传画虽然为数不少，但大多数图画都是益于增长儿童知识、开阔儿童眼界的。

图1–2 1911年《小孩月报》（其三）刊出的古迹图。右上为虞帝二妃墓，左下为鲁肃墓。

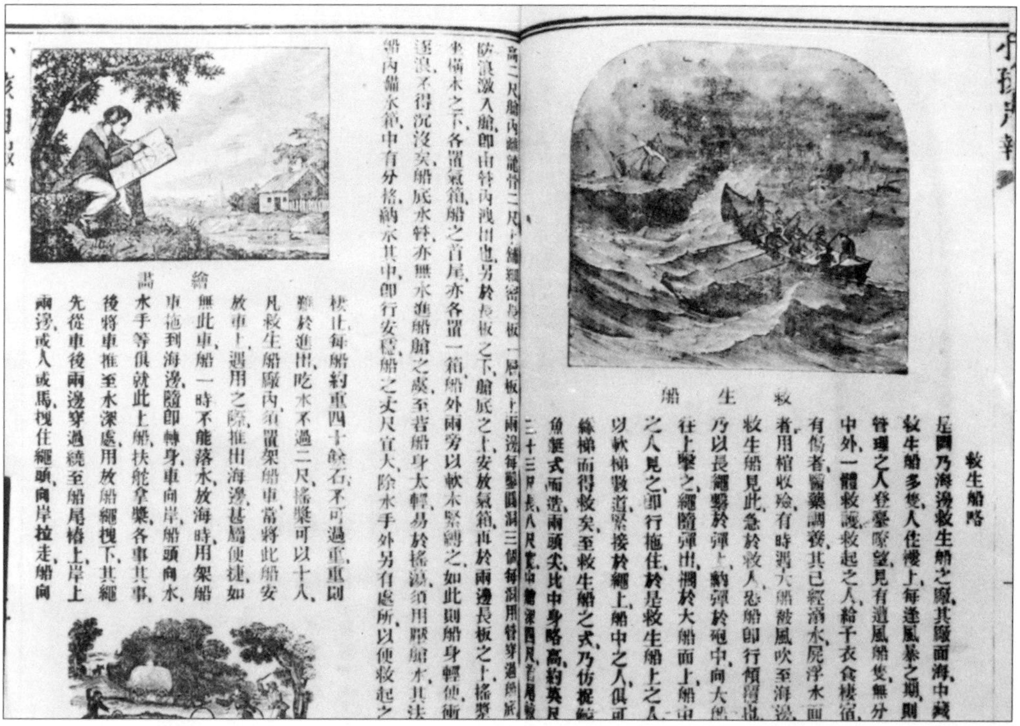

救生船略

是圖乃海邊救生船之駛，其駛面海，中藏
救生船多隻，人住樓上，每逢風暴之期，則
管理之人登臺瞭望，見有遇風船隻，無分
中外，一體救護，救起之人，給予衣食棲宿，
有傷者，醫藥調養，其已經溺水屍浮水面
者，用棺收殮，有時遇大船被風吹至海邊，
救生船見此，急於救人，恐船即行傾覆，
乃以長繩繫於彈上，納彈於砲中，向大船
往上擊之，繩隨彈出，擱於大船面上，船中
之人見之，即行拖住，於是救生船上之人
以軟梯數道，緊接於繩上，船中之人俱可
緣梯而得救矣，至救生船之式，乃仿擬鯨
魚鯤式而造，兩頭尖，比中身略高，約英尺
三十三尺長，八尺寬，中體深四尺，首尾艙
高二尺，艙內龍骨二尺，上鋪緊密艙板一層，板上兩邊每邊開洞三個，每洞用管穿過船底，
防浪激入艙，即由管內洩出也，另於艙板之下，艙底之上，安放氣箱，再於兩邊長板之上，搖槳
坐橫木之下，各置氣箱，船之首尾，亦各置一箱，船外兩旁以軟木緊縛之，如此則船身輕便，衝
逐浪，不得沉沒矣，船底水管，亦無水進船艙之處，至若船身太輕，易於搖蕩，須用壓艙木，其法
船內備水箱，中有分格，納水其中，即行安穩，船之丈尺宜大，除水手外，另有處所，以使救起之
枕止，每船約重四十餘石，不可過重，重則
難於進出，吃水不過二尺，搖槳可以十八人，
凡救生船廠內須置架船車，常將此船安
放車上，遇用之際，推出海邊，甚屬便捷，如
無此車，船一時不能落水，放海時，用架船
車拖到海邊，隨即轉身，車向岸，船頭向水，
水手等俱就此上船，扶舵拿槳，各事其事，
後將車推至水深處，用放船繩攪下，其繩
先從車後兩邊穿過，繞至船尾樁上，岸上
兩邊，或人或馬，攪住繩頭，向岸拉走，船向

救生船

繪畫

图1–3 《小孩月报》刊出图文并茂的《救生船略》。

《寰瀛画报》

1877年（光绪三年）6月6日创刊，不定期出版过5期，镂版，英国编译、印制，上海申报馆代销。内载世界时事风俗、风景，图画为英国人所绘，文字说明为蔡尔康所作。第1期刊《英太子游历火船名哦士辨图》和《印度不用铁条火车图》等，还刊有1854年克里米亚战争图18幅，以后专刊社会新闻图画。

《花图新报》

1880年（光绪六年）5月创刊于上海，上海清心书馆印行。由美国北长老会教士范约翰创办，连史纸精印，图文并茂，由《小孩

图1–4 《花图新报》刊出的各国信印图。

图1–5 《花图新报》刊出的《捕鲨图》及文章《论鲨鱼》。

图1–6 《花图新报》刊出的耶稣教长老会所在地——上海清心堂外景。

图1–7 《画图新报》1881年第1卷封底。

图1–8 《画图新报》1881年第2卷封面。

图1-9 《画图新报》1890年第7卷封面及其中一页内容，图用黄杨雕版刻，连史纸铅印线装本。

图1-10 《画图新报》1903年第7卷刊出的《中国拱桥》。

图1-11 1902年5月《画图新报》第1卷封面。

畫圖新報 第二十四年第七卷

愛玲姑娘病篤，父母覩伊痛苦之狀，不禁淚下。伊

中國拱橋

祖亞伯拉罕年一百時，神許之生一子，一日 神與亞伯拉罕曰，將爾所生之獨生子獻我，信祖因 神之命，將伊子捆綁欲獻 神，神見伊信心之大，即止之，且許賜以大恩。父母又聞之曰，爾病至死乎，對曰，女病不至於死，惟 神之旨是從，神或使女病在牀一年，女亦不敢抱怨，雖至死，女心亦安樂，後待父母歸天時，女當在天空之中操琴相迎，此時女無痛苦，父母亦安樂矣，因此數語，愈有所感，故述之，

在世爲客旅 周得度

無人處世不奔走 無人無日不周流
世比洋海地比舟 登舟過渡轉地球
地球週圍幾萬路 晝夜運轉不停留
總然終日人不走 數萬餘里仍回頭
地舟虛浮世海內 須宜思忖必有危
盼到天堂纔得穩 刻下且求救命恩
船主耶穌肯應允 保佑引導入天門
同舟弟兄姊妹們 速求中保救靈身

八十一 癸卯十月

图1-12 《画图新报》1903年第7卷第81页。

月报》改名而来。1881年（光绪七年）5月起改名为《画图新报》，改由上海中国圣教书会出版。每月1卷，共出12卷，现存2–12卷，双面印，每卷为26页。封面为汉文，封底为英文，以汉文封面编次。

该报内容以宣传基督教义为主，附刊评论、故事、诗词、格致浅说、五洲新闻等。所选题材多为中外大事与要闻，时事评述、“论说”与“简讯”。刊出的图文质量是当年其他报刊所不及的。另外还刊登新奇事物、科学知识、历史故事，适合儿童开眼界、长知识的图文，总之题材丰富，文字通俗简练，编排活泼，印制精美，发行较多。该报还刊出揭露沙俄侵占中国150万平方公里罪行的图文。

《益画新报》

1880年（光绪六年）创刊，上海中国教书会编，不知何时停刊。

《绘图画报》

《申报》馆主人于1884年（光绪十年）8月18日刊登启事说：出售第16期《绘图画报》。若为旬刊，当为1884年创刊；若为月刊，当为1883年创刊。

《国画演说报》

1884年11月30日创刊，在上海出版，上海图书馆存有创刊号1期。

《点石斋画报》

1884年5月8日创刊，《申报》馆编印，终刊应在1898年8月，刊行达 15 年之久。旬刊，每册 8 页，图 9 幅，16 开，连史纸石印，共出 528 期。由《申报》馆申昌画室发售。

内容系“选择新闻中可喜可惊之事绘制成图，并附事略”。画师有吴友如、金蟾香、张志瀛、贾醒卿、田子琳、何元俊、符艮心、周慕桥、葛龙藏、顾月舟、马子明、吴子寿等。吴友如任主笔。

图1–13 1886年第87期《点石斋画报》封面。

图画取材广泛，流行久远，影响较大。凡中外古今奇闻异事、奇风异俗、战争、灾难、科学文化、风光名胜等，都请“精于绘事者，择初新奇可喜之事，摹而为图”。鲁迅先生在《上海文艺之一瞥》中说：“在这之前，早已出现了一种画报，名目就叫《点石斋》，是吴友如主笔的，神仙人物，内外新闻，无所不画……这画报的势力，当时是很大的，流行各省，算是要知道‘时务’——这名称在那时就如现在之所谓‘新学’——的人们的耳目。”

《申报画报》

1884 年创刊，上海《申报》馆创办，十日刊。每期刊 8 幅图。早期多刊时事画，并配文章。16 开，2 页，4 面，前页为国内外新闻、外埠新闻，次页为本埠新闻、杂俎。现存的是残本。

《申报》是最先刊载插图的报纸，1876 年 8 月 18 日一期上刊出“浙江股会党被官军缉获”的消息，在消息中插了一幅会党的臂章的图样，这是最早的新闻图画。还刊载了一幅沙皇肖像。

此后，《申报》先后编印画报、画刊、特刊等多种报刊。除《寰瀛画报》《点石斋画报》能看到全本外，其他以特刊、增刊等为名的

图1-14 《申报画报》上刊出的《申报馆拜贺新禧》图。

画报多残缺。

《成童画报》

1888年在上海创刊,广学会编,上海墨海书局排印,图为锌版,文为铅印。西历、大清年号并用。宗旨为"宣传教义、劝人信教",也介绍科学知识。16开,16页(双面),月刊。1889年1月出版第2卷。第2卷第1期告白说:"兹启者,今于本报之后计有六问:其第六问能覆者酧英洋一元，余前五问能答者，以外国着色图画，希勿吝玉。”目的是招揽读者，以广销路。第 2 卷第 1 期有序文两页，绘画 8 幅：一为《诸牧师传救道始赴裴支岛之帆船图》，二为《裴支岛土人形容图》，三为《岛人上树采椰子法》，四为《攀岩援救稚子得生图》，五为《雪与雹》，六为《雪形》，七为《威尼斯教堂石马图》，八为《威尼斯风貌》。每图都配有长文说明。此刊 1890 年改名为《日新画报》，后又改名为《福幼报》。四川省图书馆有存。

《厦门画报》

1889 年（光绪十五年）创刊，在厦门出版，刊行不久即停刊。

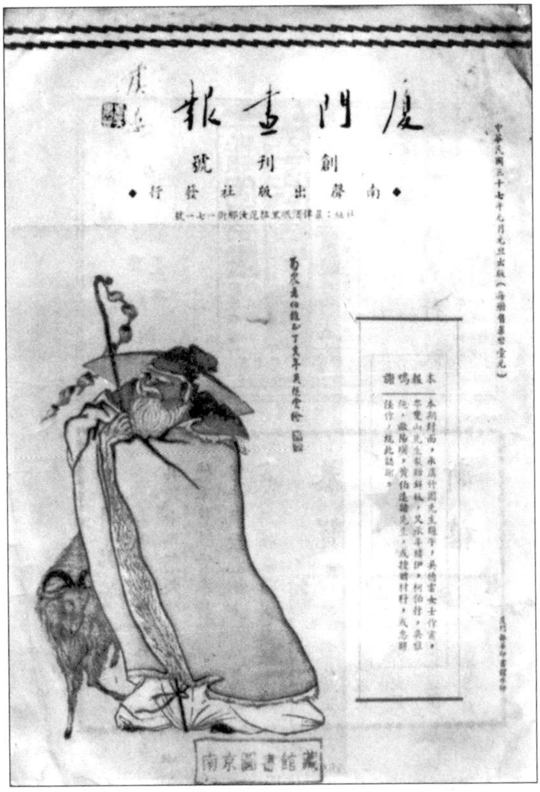

图1–15 《厦门画报》创刊号。

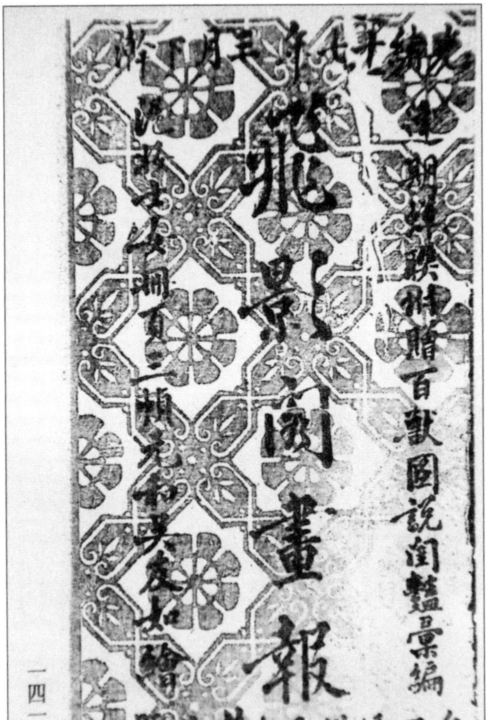

图1–16 《飞影阁画报》封面。

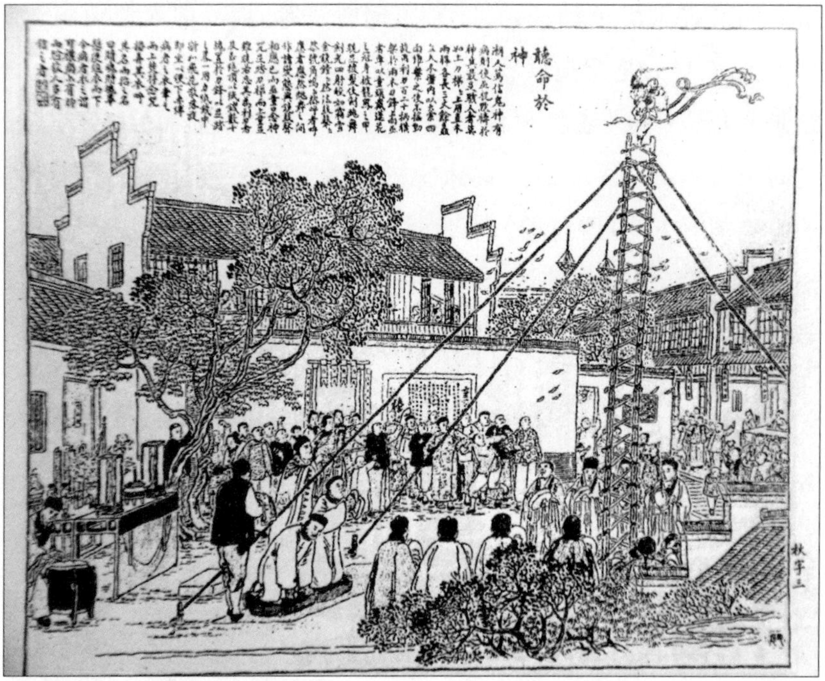

图1-17 《飞影阁画报》内页。

《飞影阁画报》

1890年（光绪十六年）8月创刊于上海，吴友如主编，飞影阁画报社出版，鸿宝斋石印，旬刊，每期8页，出至第132期，1894年3月停刊。主要刊载百兽、仕女、风俗画等。

《中西画报》

1892年（光绪十八年）创刊，随《上海时报》附送，在上海出版。

《新闻报馆画报》

1894年（光绪二十年）创刊，上海新闻报馆出版，上海图书馆存有第 1 期。

《飞云阁画报》

1896 年（光绪二十二年）在上海创刊，内容、形式与《飞影阁画报》相似。

《沪江书画报》

1897 年（光绪二十三年）8 月 31 日创刊，在上海出版。在《近代中国新闻事业史编年》一文（《新闻研究资料》总第 11 辑）中提到过。

《书画报》

1897 年（光绪二十三年）9 月创刊，刊行至 12 月。

《海上日报画报》

1899 年（光绪二十五年）创刊，在上海出版，随《海上日报》附送。英商出资经营，1905 年停刊。北京图书馆存有 1890 年 8 月至 1894 年 10 月的 125 期。

需要特别说明的是，以上统计恐有遗漏，一是中国近代社会动荡不安、战乱不断，政权几经更迭，致使一些书刊资料毁坏和遗失；二是部分刊有时事画的刊物被各地图书馆分散在其他资料中封存；三是笔者的工作恐有疏漏。

第二节 1900-1907年画报画刊出版

1900-1907年出版的画刊有80多种,目前能找到实物的只有50多种,还有许多画刊只在一些零散的资料中见其刊名未见实物,因此没有收录。

《双管阁画报》

1900年(光绪二十六年)创刊于上海,连史纸印,折叠装,封底、封面为彩印。

《画报(丛报)》

1901年(光绪二十七年)在上海创刊。1902年仍在刊行,但刊名已无"丛报"二字。

《飞影阁大观画报》

1902年(光绪二十八年)创刊于上海,十日刊,刊中西时事画及小说。

《图画演说报》

1902年（光绪二十八年）1月9日创刊，月刊，在杭州出版。白话报刊。主要内容有宗教、中外历史、时事、物理、歌谣等栏目。图画大多采用木刻，文字采用铅字印刷。

图1–18 《启蒙画报》封面。

《启蒙画报》

1902年（光绪二十八年）6月23日创刊，分为日刊、半月刊、月刊三种。彭翼仲、彭谷生主编，刘炳堂绘图。北京前门外启蒙画报馆出版并发行。为北京出版最早的画报，北京图书馆有存。

《启蒙画报》1902年第8–12期封面印有“初次改良”四字，

图1–19 《启蒙画报》上刊出的《满清宫廷舞蹈图》，左为《喜起舞》，右为《庆隆舞》。

第二年后不见再印。从1902年第1期"附页"《小英雄歌》开始,每页背面都刊印了《启蒙画报缘起》和《教阅画报法》,并标明画报创刊于"光绪壬寅年五月十八日"(1902年6月23日)。内容分"掌故识略"、时闻两大类,掌故有都城建置、皇室生活、朝臣传记等;时闻有国内外新闻。图文对照,2号铅字排,图为木刻版。

该刊对帝国主义的侵略有所揭露;对太平天国、义和团等革命运动深恶痛绝;对于戊戌变法以及群众反贪官酷吏的抗暴抗捐斗争深表同情。该刊对西方的科学技术知识、中外时事新闻和政治历史等也偶有报道。

《时事丛谈》

1902年创刊,为商业性报纸,在上海出版。其内容侧重政治文艺方面。阿英的《晚清文艺报刊述略》及1905年5月《大公报》刊发的《报界最近调查表》称之为《时事丛谭》。

《书画谱报》

1903年(光绪二十九年)7月创刊。上海徐家汇图书馆存有创刊号1册。

《奇新画报》

1903年7月24日创刊于上海,第1期除刊新闻及风俗画外,还附有古今名人画稿。

《集益书报画》

1903年9月6日在上海创刊,旬刊。刊载重要时事、新奇图画和古今名人碑帖手卷。

《东方杂志》

1904年(光绪三十年)3月11日创办于上海,创办人张元济和夏瑞芳。原为月刊,1920年之后改为半月刊。1947年之后又改为月刊。每年12期为1卷,1-8卷为大32开,之后为16开。整卷用洁白洋纸印刷装订,每期卷首另加铜版图4-10幅。承印者也是出版者,为上海商务印书馆。

该杂志取材广泛、内容丰富、资料翔实,被史家称为"杂志中的杂志"。除本社自撰的"社说"外,经常选载官办或民办的各种报纸上的言论、记事、要闻和奏章、文牍等。几十年间,《东方杂志》经过3次停刊和几次"大改良",历尽千辛万苦始终坚持出版,直到1948年12月才停刊,前后达45年之久,一共出版了44卷。其中有历史价值的照片甚多,仅辛亥革命的铜版照片明信片就有327张,为后人留下了辛亥革命极其珍贵的影像资料。

《时报》

《时报》于1904年6月12日在上海创刊,是出版时间较长的报纸之一。为防止清政府阻挠,创刊时挂日商招牌,由日本人宗方小太郎担任名义上的发行人,实际负责人是狄楚青,罗孝高为总主笔。担任主编和编辑的还有罗普、冯挺之、陈景韩、雷奋、包天笑等。梁启超手拟发刊"缘起"和体例。发刊词标榜所有言论"以公为主,不徇一党之私见"。每天两大张,售钱20文。社址在上海四马路。

取名《时报》,寓"君子而时中""道国齐民莫贵于时"之意。该报初期颇重视编辑业务的改革,创设"时评"栏,短小隽永,为许多日报仿效。栏目涉及时评、论说、纪事,中央新闻、地方新闻、紧要新闻，专件、要件，报界舆论、外论撷华，译丛、来稿，上谕、奏折，商务商情报告表，小说、辞林，口碑丛述、谈瀛零拾、新著介绍，插图等。插图有时刊登滑稽画和讽刺画。辛亥年（1911 年）正月开始，每日随报附送《滑稽时报》一大张，正面有滑稽谈、笑话、小说等内容，背面是广告。《时报》根据新闻内容的重要与否，采取不同字号。初创时销行颇畅。

1912 年冬，黄伯惠接手全部报馆产业后，《时报》开始着重报道社会新闻和体育新闻。1927 年夏首创我国套色印报。第一次世界大战后，又增设实业、妇女、儿童、英文、图画、文艺等周刊。后期主笔为蔡行素。抗战爆发后，接受日军检查，继续在沪出版。1939 年 9 月 1 日停刊。

所刊图画的内容有中外名人画像、各国风景及地图、讽刺画等。

《白话新民画报》

约在 1905 年（光绪三十一年）创刊。在上海出版，旬刊，有光纸石印，线装，4 开大张，全年出版 32 期。馆址设在上海四马路望平街。

《北京时事画报》

1905 年创刊，在上海出版，同年停刊。1905 年 5 月《大公报》刊登的《报界最近调查表》有其名。商办报刊。

《恒通馆画报》

1905 年创刊，在上海出版，同年停刊。在 1905 年 5 月的《大公报》刊载的《报界最近调查表》有其名。商办报刊。

《不缠足画报》

又名《不缠足话报》，1905 年创刊，在武昌出版，每期 8 页，汉口黄陂街昌明公司发行所销售。社址设在大朝街不缠足会。图旁配有通俗图解，并附浅近文字说明。1909 年尚在出版。

《成都画报》

据上海《汇报》1905 年 5 月 5 日所载“华字报纸补遗”一文中说：还有《成都画报》《日俄大战史》等创刊期不详。估计在 1905 年前后创刊。

《时事画报》（其一）

1905 年创刊于广州，十日刊，发起人高卓廷，潘达微、高剑父、陈垣、何剑士任编辑。报馆设在广州十八甫六十九号。1910 年出至第 131 期。主要刊绘画，有时也刊照片，故石印和铜版并用，12 开，每期 24 页。

创刊号说：“本报宗旨：仿东西洋各画报规则办法，考物及记事，俱用图画。一以开通群智，振发精神为宗旨。办法：本报不惜重资延聘美术专司绘事，凡一事一物描摹善状，阅者可以征实事而资考据，用上纸等粘钉成册，洋式，十日一报。内容：约分两部，图书纪事为首，论事次之，论事中先谐后庄，杂文、从谈、小说、讴歌（南音、粤讴）、剧本（班本）、诗界等附之，庄部论说、短评、旬日要事记（本省、各省、各国要闻）等附之，材料丰富，务使餍阅者之目。每月报费洋三角五。”因财力不支，1910 年停刊。后得林直勉资助，又在香港复刊，出了十多期。复刊后的编辑人为潘达微、谢英伯、郑侣泉、何剑士。

图1-20 《时事画报》第1期刊出的《画报编辑部的工作实况素描图》。

图1-21 《时事画报》1907年第1期封面。

潘达微(1880-1929),早年加入同盟会,积极参加民主革命,创办过《平民报》《震旦报》《时谐画报》等。《时事画报》是他在辛亥革命前办的最后一种刊物。1927年又在上海创办《天鹏画报》。他擅长国画,精通摄影,作品能超脱时俗,颇为时人称道。

1907年第1期画报辟18个栏目。主要是鼓吹革命,反对清政府的反动统治和帝国主义的侵略,如《万岁新国魂》《丙午广东铁路风潮和农工商遭风水之害》《以人杀人》《惨死》《劝销土货亡国大夫》《警警!党狱将兴》《丁未之外交史》《丙午广东之民气》《对于僧人传教问题》等等。1905年暴发反美运动中,该画报刊登了《华人受虐原因图》《木屋图》《广东拒约公所图》《欢迎马、潘、夏出狱图》等。1905 - 1910年,革命党人在各地多次举行起义,画报都刊画行文,表示支持。1909年第15期还刊秋瑾照片1幅,以示纪念。画报还常刊"时谐画"讽刺清廷官吏和帝国主义,如《龟抬美人图》(四只乌龟抬着一个美国人),曾在省港引起强烈反响。

此外,还刊登小说、小品文,地方风俗、外国时事,历史照片

图1–22《时事画报》刊出的《秋瑾女士像》。

图1–23 《时事画报》第2期封面。

等 。浙江省图书馆存有 1907 年 1 月至 11 月的 1 – 31 期。

《京师新铭画报》

1906 年（光绪三十二年）创刊，在北京出版。

《北京画报》（其一）

1906 年 4 月创刊。张展云、孙展主办，刘炳堂作画，旬刊。地址在北京羊肉胡同“女报馆”内。正页刊时事画，附页刊北京风俗画。第 2 期和第 3 期刊有《帝国主义凌辱华工》和《华工的苦难生活》等。文字通俗易懂。

《星期画报》（其一）

1906 年在北京创办。

《科学画报》

1906年在北京出版，也有说是1907年出版的。

《生香馆画报》

1906年在上海出版，石印画报，同年停刊。

《醒世画报》（其一）

天津最早出版的画报。1906年末创刊。温霖主办，每天出一小张，刊4幅画，社址在天津北门。主要内容为街头巷议、社会新闻。因揭露北洋军阀段祺瑞行贿买官丑闻，触怒资助出刊者而停刊。1909年北京又出一同名画报。

《林月报》

1906年创刊，创办者陈蝶仙，在杭州出版，每月出版1期，第12期后迁上海。该刊辟有近事、名人逸事、伟绩等栏目，刊载写真广告半页。

图1-24《醒世画报》第2期封面。

《赏奇画报》

1906年5月8日创刊，旬刊。报馆设于广东省城估衣街二十七号仁信西药房后座三楼。其报名源于“赏心乐事，奇语警人”，故曰《赏奇画报》。图片内容包括地理、风俗、时事、社会等。编辑有季毓、霸伦、张克诚、朱锡昌、海仲。

该画报之宗旨，在其《创刊释例》中有介绍：

本报程度，以合于普通社会为主，图说互用，务令同群一律领解，灌输新理，开辟性灵，非说不达，舍图弗明，曲喻旁通，语奇义正，允殴睡魔，兼资谭柄，述奇第一。

本报专纪旬日内时事，每月三册，仍兼采各报精腴，令阅者人手一报，而得各报之益，汇报第二。

本报注重实业，如有新艺新学，实行发明，必为登录，以饷观者，文人清谈，祖尚元虚，无裨精义，徒益嗟吁，为学愈遏，力求实际，声光电化，增益智慧，实际第三。

本报审慎立言，凡干涉闺闱政界，不轻阑人，名士结习，视无为有，笔端轻薄，已伤忠厚，大言炎炎，贻厥咎愆，所以君子，致戒谨言，修辞第四。

至于办报的原因，季毓在《赏奇画报缘起》一文中说：

赏奇子悄然深思，慨然太息，仰瞻俯瞩，横览六合，作而曰：处二十世纪欧风亚雨之沓至，而欲以暗室一灯，普照前途者，其惟报乎！合五大洲黄白黑棕之逼处，而欲以因务象形，提撕民族者，其惟画报乎！古者輶轩采风，播为歌咏，而庠序学校，右史必兼以左图，砭愚觉顽，蔑乎尚已……呜呼国之强，强于民，民之强，强于智，人之云亡，帮国殄瘁，是犹夜行而去其烛也，此报道所以不光也。

虽然前事不忘后事之师，乃者万国交通，列雄环伺，天演公例，优劣竞争，忧时君子，大声疾呼，贡言于天下，报界发达，兹维其时。然而天有十日，人有十寿，智者领之，愚者瞠然，况乎二万万方里，四百兆人众，而蚩蚩者氓，不学参半，没字碑之诮，夙有由来，半开化之言，要非苛论，令其各手一编，家喻户晓，问迷途而求师旷，畴作指南，乐钟鼓以享爰居，卿原好事，唤渡无梁，蔑以济矣。

是故天有报乎？日月星辰，天之报也。地有报乎？嵩岳津梁，地之报也。在天垂象，在地成形，既妇孺其与知，讵解人之难索，爰乃搜罗轶事，媵以绘图，东坡说鬼，无伤大雅之林，方朔主文，别抱寓言之隐。义近取乎通俗，何必诡激以鸣高，学切求乎实业，何必蹈虚而立说，赏识本自有真，奇而不诡于正，茫茫大陆，莽莽神州，嗟我兄弟，邦人诸友，合大群，宏大愿，有以觉世牖俗为心者乎，则兹编其前导之嚆矢矣，载书缘起，用弁简端，其余义例，另释于左。

《启民爱国报》

1906年创刊，政治讽刺画报。该画报针对社会不良风气、政治弊端丛生予以讽刺，为读者所乐见。

《家师新铭画报》

1906年创刊，在北京出版。

《丙午星期画报》

1906年出版，上海时事报馆编印。

《人镜画报》

1906年1月创刊，天津人镜报社编印，出版了24期。周刊。主要内容：图画，论说、谭丛、中外新闻、科学小说等。主编温子英。也有记载为1907年6月22日创刊。

《开通画报》

1906年创刊，主笔英铭轩，京师弓弦胡同开通画报馆出版，京师官书局石印，16开，每期8页16面，土白纸，封面、封底为红色。该刊出版时间较长。1906年9月11日出第4期，1907年3月9日出第26期，按出版的时间和期次计算为半月刊。上文下图，形式与《点石斋画报》颇相似。

第4期《本馆忠告》说："买报的主儿真不少……可见得北京城的人……文明进步，实在可贺。"可是，"究竟瞧这开通画报的主儿少……这是因为本报的资本少，不能遍贴九城。在报馆门前贴了一份，又被顽童撕去，甚至于上岁数的也跟着瞎起哄，说什么报馆里有洋人，又有什么二毛子的。惟望赶快普兴教育，省得（老的少的）破坏公益。"第8期《本馆同人启》说："我等同人因为一时热血上攻，才竭力地出此画报，现在蒙中外各处屡屡称赞购求，非我等所料，今登广告，特谢阅本报之文明君子……有开愚故事，特别感化社会之演说，惟望写文寄信本馆，必能说明图画，以扩充耳目。”

第 2 期内容有《巡长破迷》《请看溺爱子弟的害处》《商战》《上海丝厂女工痛打工头》《阔大爷养蝈蝈》等。

《图画日报》（其一）

1906 年 9 月创刊。上海四马路环球社编印，日刊。1910 年 3 月 1 日为环球社图画日报馆老茂记接办。同年 3 月 11 日将编辑及发行所迁入舆论时事报馆。此刊名为中日合办，实为中国人自办。环球社设有著述部、绘画部、调查部、摄影部等。

现存 60–89 期《图画日报》总目，列有大陆之景物、上海之建筑、世界著名历史画、社会小说、侦探小说、世界戏剧、上海社会之现象、营业写真、新智识之杂货店、外埠新画、外埠新闻画等栏目，有 16 种之多。

图1–25 《图画日报》第238号封面。

1909 年第 3 期内容为：《三人夸赞立宪》（宣传应从办教育、易风俗、兴刑律做起）、《有失官体》（批评清朝官吏胡穿、混吃）、《跑马伤人》（妇女坐东洋车被撞翻，编者不责肇事者，反说妇女坐东洋车不雅观）、《上国民捐不要后悔》《南苑抄烟馆》等。

1909 年第 4 期刊《路劫行人》；第 5 期刊《好霸道的教书匠》《饥民卖子奇闻》《图财害命》等。

《醒俗画报》

1906 年创刊，天津鼓楼东广东会馆醒俗画报馆编，1908 年三月初十出至第 67 期。绘画石印。

《醒华日报画刊》

1907年（光绪三十三年）在天津创刊，常刊时事绘画。天津历史博物馆有存。

《滑稽魂》

1907年在广州出版。光绪三十三年九月十五日《时事画报》第24期说："请看特别画报《滑稽魂》出世告白：本报全主诙谐，以极嬉笑形容为宗旨。内容全部绘图，浅譬曲喻，或肖事摹形，无不涉笔成趣，诚近世画报界别树一帜，阅者想亦以先睹为快也。月逢星期日出版，每册三十文，准本月廿一日出版，省代理十八甫存安。"

《时事画报》（其二）

1907年创刊，上海时事报馆编印，旬刊。1907年11月出版至31期，此后至1909年春又出版了36期，之后至11月再出版了28期，后来在1910年又出版了4期。常刊各地新闻、名人画像、小说笔记等。此刊又名《时事报馆画报》。

《时事画报》（其三）

1907年3月创刊，北京时事报馆编印，旬刊，刊行至5月。

《神州五日画报》

1907年4月创刊，在上海出版。北京图书馆存有5–51期。主要内容为讽刺画、风俗画，上海新闻、各地新闻、国外新闻，女界伟人等。作画者为马星驰、刘霖（又名甘臣）。《神州五日画报》积极讽

图1–26　《时事画报》（其二）刊出的《时事新报附张》第1辑第1号。刊有《执政府与公使团》合影。

刺“立宪”、揭发贪官污吏。

第 9 期第 1 页之右刊《张园为五省赈捐开彩》；此页之左刊有 3 幅画：一为《柳农之价值》，二为《上海之风俗》，三为《钱塘观潮》。第 9 期第 2 页之右刊有两幅画：一为《美人试验空中飞行器》，二为《国会之希望》。第二幅画寓意颇深：画师将国会画在尖刀山之顶，国会之下画了 9 把尖刀，每把尖刀寓意一种灾难，如外侮、内患、疾疫、雹灾、蝗灾、风灾、旱灾、水灾等。这就是说，人民处于深重灾难之中，召开国会有什么意义？

《民呼画报》

1907 年 7 月创刊，月刊，上海环球画报社出版，每期 12 页，经折装，有12个栏目。刊出的绘画有大陆景物、上海建筑、世界名人介绍，国内外新闻等。1909年仍在刊行。有一种说法称此刊系中日合办。它与于右任1909年3月26日创办的《民呼日报图画》不是一回事。《民呼日报图画》详见后文。

《日新画报》

1907年11月6日创刊，在北京出版，日新报新学堂陈某主办。

《图画新闻》（其一）

1907年创刊于上海，上海时报馆出版。24开，石印，每日出版1份，图画多根据各地奇谈怪闻绘制，每月汇集一卷。浙江省图书馆存有1910年第1、3、4卷。

《时事新报》

出版时间较长的报纸之一。原名《时事报》，《时事报》于1907年12月6日创刊，在上海出版。1909年该报与《舆论日报》合并为《舆论时事报》。1911年5月18日改名为《时事新报》。主持人汪仲阁。每日出版两张。该报每月底将要闻摘印1册，凡预定报纸一月以上者均予奉赠。发行所在上海山东路望平街，社址在新垃圾桥北首。

主要栏目有译论、论说，海外通函、特别纪事，地方时事、本地时事，来件、专件、来函等。

1911年6月25日起，又增出《星期画报》。之后《时事新报》先后成为进步党和研究系的机关报，梁启超1928年冬将其出售给张竹平、汪英宾等人，与《大陆报》、太晚通讯社等组成四社联合公

图1-27 《图画新闻》刊出的《女工哄于新署》。

图1-28 《图画新闻》刊出的《销毁烟具》。

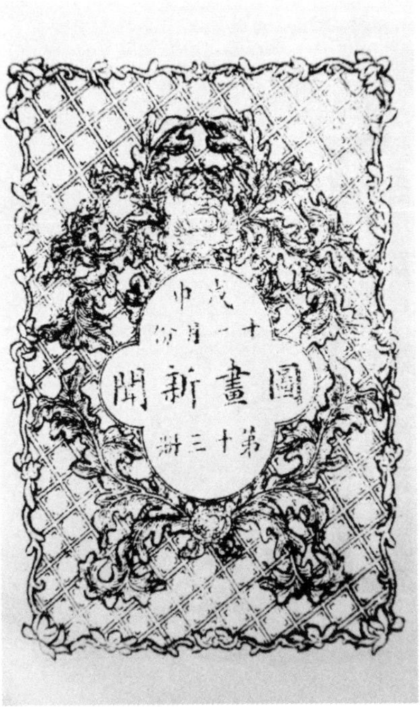

图1-29 《图画新闻》封面。

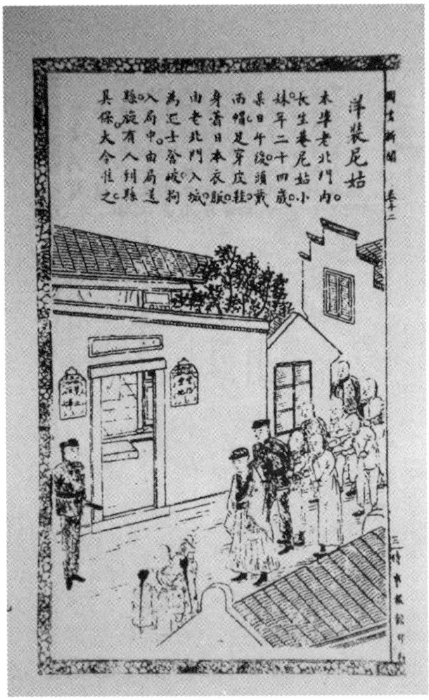

图1-30 《图画新闻》内页。

司。1935 年又转为孔祥熙财团的喉舌。抗日时曾迁重庆出版，号数续前，停刊后又于 1945 年 9 月 27 日在上海复刊。1947 年改出晚刊。1949 年 5 月 7 日出至第 1478 号停刊。

《时事报图画杂俎》

1907 年 12 月初创刊。上海时事报馆编辑出版，8 开两页，大清纪年与西历纪年并用。内容有国内社会奇闻、西洋科学知识，花鸟画等。1908 年出有 12 册合订本，以天干地支编次。1909 年 1–8 月出有 8 册合订本。1 月 4 日出至 400 号，13 日出至 409 号，29 日出至 425 号，据此

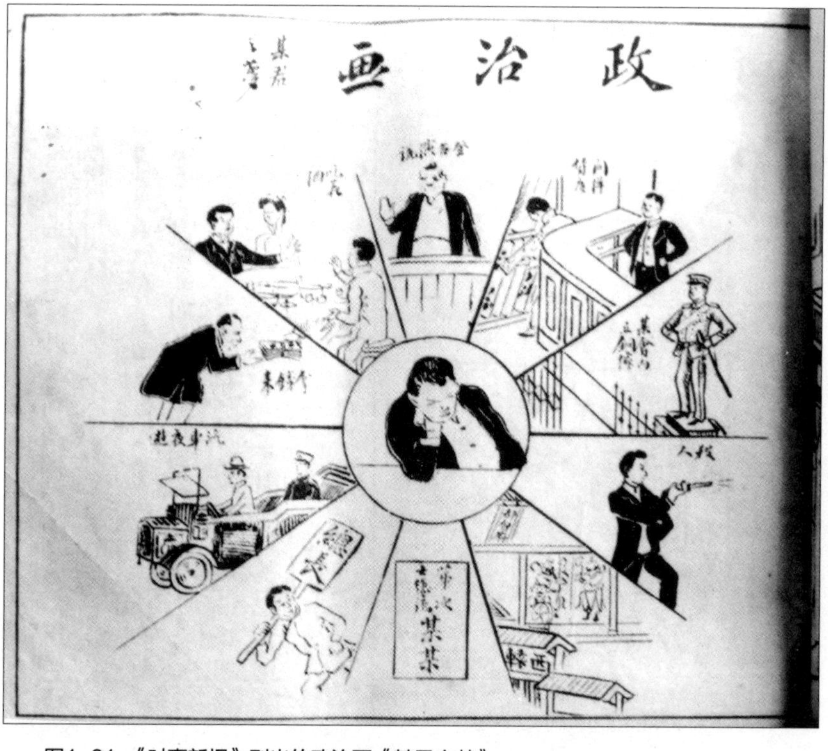

图1–31 《时事新报》刊出的政治画《某君之梦》。

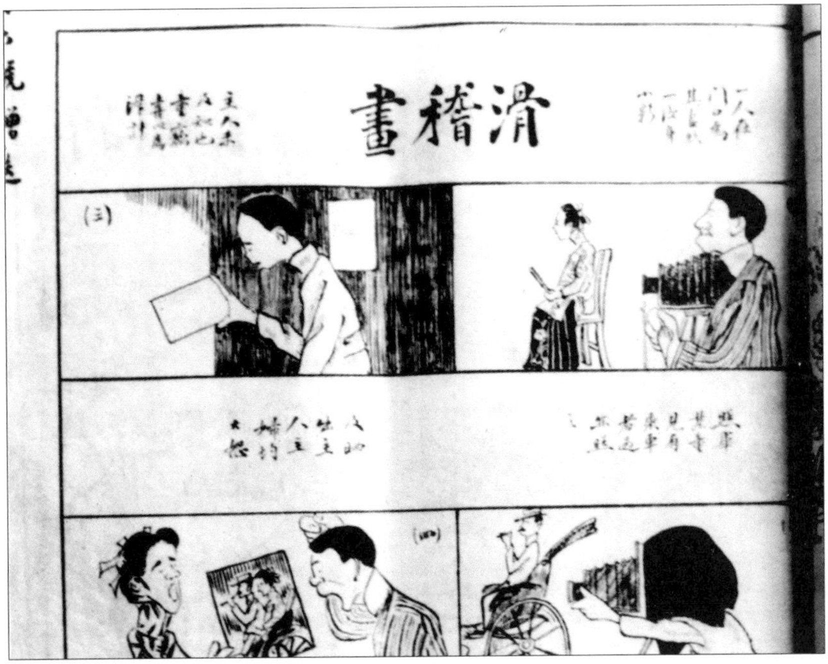

图1–32 《时事新报》刊出的滑稽画《为妻拍照》。

可知为日刊。

1908 年 11 月 26 日刊出《秋瑾墓》，这在当时是触犯清廷禁忌的。江苏、浙江省图书馆均存有此刊。

《双日画报》

1907 年创刊于汕头，馆址设于存心善堂。该报系继《潮声旬报》而起者，为潮汕地区最早的画报。模仿上海《点石斋画报》风格，以石版印行，专用潮语记载新闻及常识、文艺等。曾杏村任社长兼总编辑，编辑有吴子寿、郑唯一、许唯心、吴梦林、林国英等，均潮汕一时之名彦，以耿直敢言著称，故销数达 2000 余份。1908 年

图1-33　1908年11月26日《时事报图画杂俎》第369期刊出的《秋瑾墓》。

图1-34　1909年2月《时事报图画杂俎》刊出的《珠江浩劫图：场中摄影》。

光绪皇帝殁，该报称为西太后毒毙，由此曾杏村被捕入狱，后经省港舆论界声援，一年之后才获释。该报亦因之而停刊。

《时谐画报》

1907年10月创刊，旬刊。32开，18页（摺页），横钉洋式，有光纸石印。美术同人有崔芹、伍德彝、傅寿嶷、冯如春、梁于渭、尹㸌、容祖椿、葛璞、谭泉、陈韶、高麟、陈鉴、程景宜、崔岐、李熙、卫汉夫、潘达微、刘鸾翔、罗清、郑苌、何剑士。其宗旨是：“一纸风行，最益阅报者，字字之热情，觇社会之进步。其图画为首，文字次之。”兹举其第2期目录及短评一则如下，以见其性质及内容：

粤人警图（题字：内患外患，恁不糜烂，呜呼广东之命运，民力几何？易聚易散，绘此图成，掷笔三叹）

粤人拒捕案图

江浙路要事绘图（续苏浙铁路拒约近事记）

苛例观由（时事画）

北江之义和团图（时事画）

塌楼巨劫图（时事画）

《时谐画报》之图画多为时事画及政治讽刺画，文字内容有实业、小说、文类、谈屑、剧本，汇电、汇报（外省、各国）、广告。

在此再举短评《警警苏浙拒款与粤垣力争西江缉捕权》如下：

世界进化，册民智日开，人知自卫，而抵抗外侮之力，亦益膨涨，此前途一好消息也。吾国近日大事记中，其重要问题有二：一曰苏浙铁路力拒借款，一曰粤垣力争西江缉捕权。之二者其受害同；三省人士奔走号骇，冀图挽救，其遑恐迫切，若芒在躬者，亦无不同。埃及以外债亡国，况借款筑路，譬犹饮鸩止渴，流弊何可胜道。至若缉捕之权，属诸外人，使兵力所及，肆行蹂躏，则是恶弟子之嚣顽，而授力邻人，使残贱同族也。大怪事，大怪事。

故今者枢府亦知民气不可压抑，清议不可磨灭，于是覆拒款之电，则曰：路不作押，权应在我，对于缉捕权者，则曰：坚持自办，缉捕兵轮改归税司管带。抑知路不作押，其取偿于路外权利者正多。权归税司，税司独非外人耶？唯唯与阿相去几何？吾特表同情于热血救国诸君，吾更拭目以观所谓立宪政府！

从撰稿人、美术同人及该刊的内容看，其宗旨与《时事画报》相同。

第三节 1908-1910年画报画刊出版

这一时期出版的画刊有70多种,目前能收集到出版信息的有60种左右,其他待详细考证。

《当日画报》

1908年(光绪三十四年)在北京出版,英铭轩绘图、编辑。刊京师新闻、时事漫画、灯谜等。

《蒙学画报》

1908年创刊,半月刊,中华学会编,在上海出版。内容以蒙童教育为主。

《北京白话图画日报》

1908年9月创刊于北京。多刊讽刺时局的图画。其中有一幅《中国今竟复兴海军耶》,画的是一艘兵舰压在人的身上,讽刺清政府借兴海军之名,行欺压、剥削人民之实。

《舆论日报》

1908 年 2 月 29 日在上海创刊，日刊。1909 年与《时事报》合并称为《舆论时事报》，随报附送《舆论时事报图画旬刊》。

《社镜画报》

1908 年 6 月创刊。石印，封面用有色纸，在上海出版，半月刊，1908 年 7 月出至第 4 期。第 1 期为阴历六月朔日（初一）出版，有 8 个栏目。

第 2 期为阴历六月望日（十五）出版，亦为 8 个栏目，包括《商品陈列所》《斯文扫地》《官场风流》《信鬼受害》《挟妓游湖》等。

《舆论日报图画》

1908 年在上海出版，陈炜、陈子青绘图，石印。内容多为社会新闻画，附寓言和讽刺画。

图1–35 《社镜画报》第1期封面。

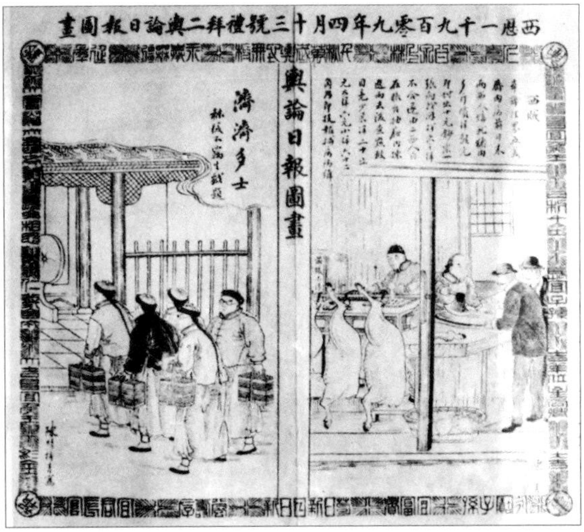

图1–36 1909年4月30日《舆论日报图画》，左刊《济济多士》，右刊《西贼》。

图1–37 左为时画《我们抱着这棵大树就可横行天下》，右为《浅说画报》封面。

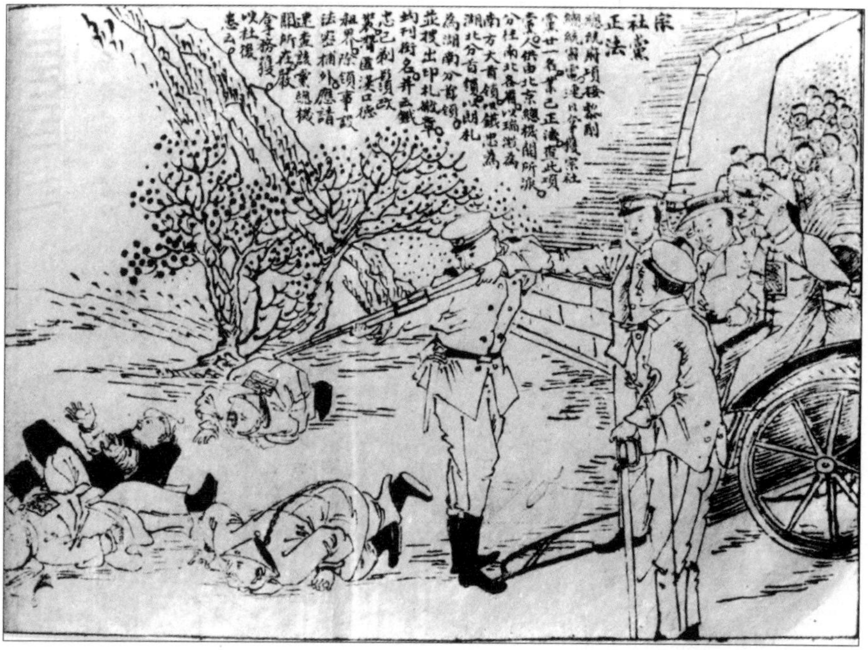

图1–38 《浅说画报》刊出的《宗社党正法》。

《浅说日日新闻画报》

1908 年创刊，姚淑云、柳赞成、德泽臣作画，王子英任经理。由北京铁老鹳庙路东的浅说画报社出版。12 开，石印，每日 6 页。1912 年 6 月 7 日出至 1247 期，1921 年出至 4942 期，看来出版期达 13 年之久。内容有讽刺文字、绘画、寓言、社会新闻插画。主要刊时事画，一事一画，图画占版面的 2/3，文字占 1/3。后改称《浅说画报》。山东省图书馆存有残本。

《神州国光集》

1908 年 8 月创刊，双月刊。是专门影印历代金石书画及题跋的画报。上海神州国光社出版，每期约刊 50 幅图画，以发扬国粹、提倡美术为宗旨，出至第 21 期后改名《神州大观》，续出 16 期后停刊。

《醒华》

1908 年 4 月创刊，刊行至 1912 年 5 月，五日刊，共出版 526 期。也有记载称《醒华画报》。

《新闻图画》

1909 年（宣统元年）在上海创刊，朱紫翔作画，刊有西人逞凶、妓女争殴等内容。

《时事报图画旬报》

1909 年 10 月 10 日创刊于上海，上海时事报馆编印，逢十出版，16 开，石印，经折装。办至 1910 年 9 月。

《舆论时事报图画新闻》

图1–39 《时事报图画旬报》第1册。

1909 年 11 月 27 日在上海创刊，为上海《舆论时报》的附刊。16 开，2 页 4 面。前为故事画，后为《国朝名人政绩图》，再后为社会奇闻异事，以及名胜古迹等。每画之上都有短文。1909 年 1 月至 1910 年 12 月共出 14 卷。1910 年 5 月 30 日刊有《女工哄于新署》图，文字为“杨树浦女工张氏等数十拥至一公所喊控工头日人打人，相率罢工”。同年 8 月 25 日刊有《轻便施肥器》图等。北京图书馆有存。

《图画新报》

1909 年在汕头创刊，主持者为吴子寿，图画均出自名画人王逊之手，石版印行。因善于冷嘲热讽，一般贪官污吏咸嫉之，视若眼中钉。

广东省博物馆藏宣统元年四月十六日《图画新报》散张，该报馆设在汕头顺昌街。

内容包括图画与文字两部分，文字部分分论说、要电、译件、杂俎等，新闻包括广东新闻、本国新闻、岭东新闻；图画部分有时事画、漫画、讽刺画等，其第 100 期刊有《践踏同胞图》《公理强权图》《丧权辱国之特使图》。

《燕都时事画报》

1909 年 5 月创刊于北京，每日 1 张。广仁山、来寿臣等编。内容有北京新闻、名人演说、讽刺画等。

《新世界画报》

上海新世界画报社编，16开，石印。1909年出版1-15期，其中一期分13个栏目：潼关秋色、黄帝战蚩尤、名家墨宝、猴园、红楼惨劫、游上海、敬祝新世界日日画报万岁、新闻、假票何来、乡民拒盗、自愿为娼、上海风俗、野鸳鸯。每图都有短文评述。

《正俗画报》

1909年在北京创刊。

《民呼日报图画》

此刊为于右任于1909年5月15日在上海创办的《民呼日报》之附送品。刊4幅画，并配文字，对开一张，石印，日刊。其发刊宗旨为：

一、本报实行大声疾呼为民请命之宗旨；二、本报全为全社上之事业，所有办法系完全股份，不受官款，不收外股，故于内政外交皆力持正论，无所瞻徇；三、本报除第一日送阅外，第二日特备福引卷一千张，如有至本社购报三份以上者，均有赠彩第三日除本报四大张外附送"世界六十名人"画像一张，出报一月内订阅本报全年者送六十名人一册，半月者送书卷一纸；四、本报为提倡商务起见特送商学界登告白十日。

1909年为己酉年，《民呼日报图画》就以己酉的年月日编序。分右、左两页，都是上文下图。3月26日右上刊"小说画"短小说，作画者未署名。右下刊《穷则呼天》《官肥民瘦》二幅画作，左上刊《势不两立》，左下刊"风景画"一幅。3月27日右上刊"小说画"，右下刊《营弁官赋，大闹剧场》，左上刊《群魔世界》《一鸣惊人》，左下刊《危哉租界之为人父者》，还刊风光画，画的是西湖。还有"无题画"、"故事画"，"小说画"文字较长，达二三百字之多，内容包括反对瓜分中国、反日侵略等。

图1-40 《民呼日报图画》刊出的图，左为《官肥民瘦》，右为《穷则呼天》。

《民呼日报图画》当时的销路很好，但只出版了92天就被查封了，于是于右任将《民呼日报图画》改名为《民吁日报图画》，以开创新的销路。己酉年十月初一，《民吁日报图画》出版。按甲、乙、丙、丁分为《民吁日报小说画》《民吁日报新闻画》《民吁日报滑稽画》和《民吁日报杂事画》。

《民吁日报小说画》定为“甲”字头，绮云、治逸、静山等作画。内容多为社会小说。

《民吁日报新闻画》定为“乙”字头。钱病鹤、绮云等作画。初一至初七共刊图14幅。

图1-41 《民呼日报图画》刊出的《日人行凶》。

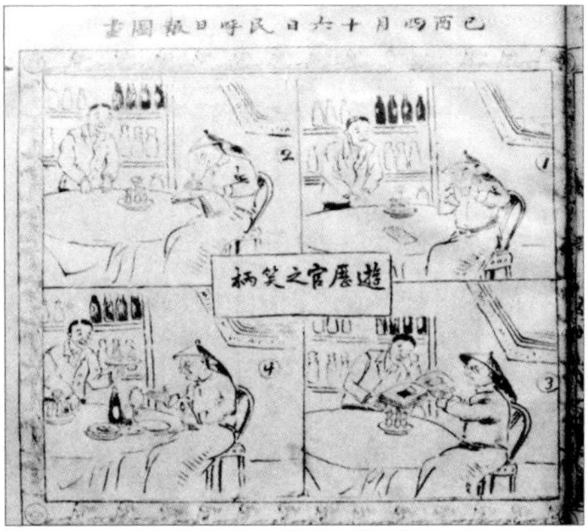

图1-42 《民呼日报图画》刊出的《游历官之笑柄》。

《民吁日报滑稽画》定为“丙”字头。鸣岗、张聿光等作画。初一至初七亦刊图14幅。

《民吁日报杂事画》定为“丁”字头，初一至初七刊图14幅，内容为国际人物、花鸟、山水等。

甲、乙、丙、丁四字头，每种每天刊图2幅，总计有56幅之多。加上正刊，多揭露官府罪恶和丑行，使众人声讨，因之触怒官府，刊行90多天又被查封。于右任迅即创办《民立画报》，更为猛烈地抨击行将灭亡的清政府。

《时事报图画新闻》

1909年1月10日创刊于上海，上海时报馆编印，逢十出版，16开，石印，1910年9月仍在刊行。

《神州日报》

《神州日报》为同盟会会员于右任于1907年在上海创办。曾出版多种画报，惜无完本，且名称、刊期多次变更，现就所存资料著录如下：

一、《神州画报》。双日刊，16 开，3 页，每期刊 6 幅画，石印，马星驰、刘霖作画。现存 1909 年 6 月 11 日至 1910 年 1 月 11 日各期的残本。刊出近 1400 多幅画，从多方面揭露清政府的反动和残暴。已出版 16 册（多期合订成 1 册）。每期约 12-15 页。有一期刊有名胜古迹、上海百景、百美图咏、社会习俗、侦探小说等。还刊广告和警世剧。上海体操会义勇队长被人打死，该报用图文连续报道，戏剧界又编成新剧上演。

二、《神州画报》。日刊，仍为 16 开，1910 年 1 月 9 日至 7 月 14 日刊行，合订为 6 册。7 月 4 日刊有《吾不如老农图》。

三、《神州日报画报》。1910 年 1 月至 5 月刊行，合订为 9 册。

四、《神州杂俎》。1910 年 4 月 21 日至 7 月 11 日刊行。前页为图，绘忠孝节义人物；后页为文，解说人物故事。

五、《神州日报附送画报》。现存 1909 年 6 月 11 日至 1910 年 3 月 13 日残存本，合订成册，6 开，每期 3 页，刊 6 幅图。画师为马星驰、刘霖，16 开，一面一图，上为标题，并有 20-50 字题解。绘画揭示了一些社会丑恶现象。

六、《神州画刊》。每周四出版。

《图画日报》（其二）

1909 年 7 月初创刊，上海环球画报社编，石印。至 1919 年 8 月已出版 404 期。主要刊载国际时事、社会奇闻、上海风俗等内容，也刊古旧小说。江苏省图书馆存有第 2-404 期，浙江省图书馆存有第 20-345 期。

该画报曾在《时事报图画旬报》第 14 期、第 16 期刊出广告，说环球画报社编成《新茶花》剧 40 节，“并用摄影器，临时摄影得

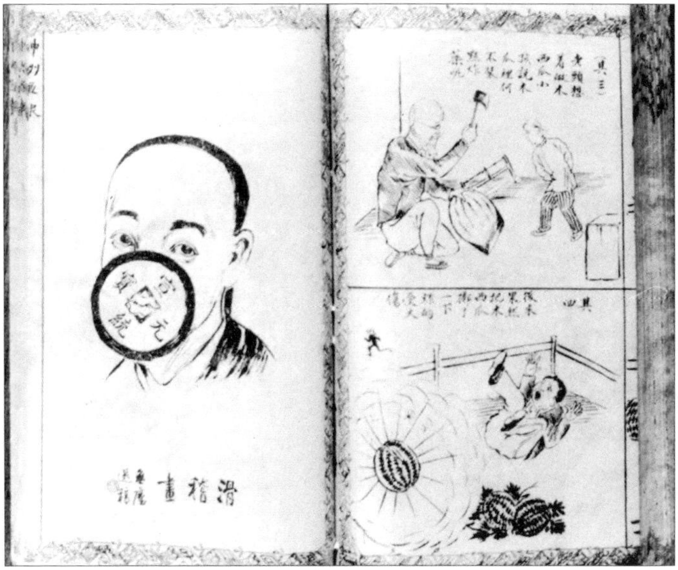

图1–43 《神州画报》刊出的《学生无行》。

图1–44 《神州画报》刊出的滑稽画。

图1–45 《神州画报》内页图，左刊《宜春民变图》，右刊《官绅之故伎》。

图1-46 《神州画报》刊出马星驰创作的《皖省丁漕之暗无天日》。此图揭露了清朝官吏对人民巧取浮收、横征暴敛的行为。

图1-47 《神州画报》刊出的《送瘟神》。

图1-48 《神州画报》刊出的《吾不如老农》。

新茶花之真相三节"；又将新舞台之建筑及新舞台全体伶人拍了照片，后编印成一本50页的《世界新剧之——新茶花》。这说明当时的环球画报社已拥有摄影机，并用之于拍摄剧照。

先前所录《图画日报》与这里所录的《图画日报》系一家，但刊出日期和内容有异，故分别录之。

《启智画报》

1909年创刊，四川保路同志会、立宪派团体主办，为四川保路同志会的机关报。辛亥革命前夕出版。

图1–49 《神州画报》内页图，左刊《饥民》。

《通俗画报》（其一）

1909年7月15日创刊，成都通俗报社编，10开，1页2面，土纸，石印。每月初一、十五合集成册。至阴历十月十五日已出版7册。

第2册的栏目有修身画、历史画、风景画、讽刺画、风俗画、时事画、新器画、毛笔画、调查画等。第3册又增加成都之新动物画、迷信画、名人画等。此刊延续出版到民国元年，阴历六月三十日出第2号，八月十七日出第43期，改为2页4面。第一页刊文字新闻，第二页刊时事、寓意、风俗、讽刺绘画。1912年阴历八月十四日第41期刊图《有毛辫的遗殃》，画的是强剪行人辫子。四川省图书馆存有残本。

《北京醒世画报》

1909年10月创刊，日刊，在北京出版，主要刊载社会新闻图

图1-50 《通俗画报》第3期。

画。编辑张凤纲，总理韩九为，绘图李菊侪，印刷魏根福。内容以社会新闻为多，讽刺画较少。

《白话报画报》

1909年创刊，在杭州出版，有光纸石印，线装。

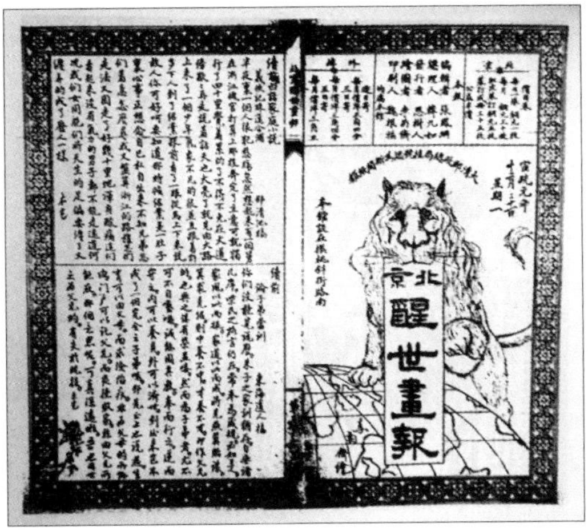

图1–51 《北京醒世画报》封面。

图1–52 《北京醒世画报》内页。

《白话图画日报》

1909 年创刊，在北京出版，通俗画报。

《舆论时事图画》

1909 年 4 月 26 日创刊，图文并茂，10 日集成 1 册。浙江省图书馆有存。栏目包括：罗敷怨 (2 册)、偶像奇闻 (2 册)、奇闻 (2 册)、初等毛笔画 (1 册)、钢笔画 (1 册)、寓意画 (2 册)、工界伟人 (1 册)、小说合璧 (1 册)、壁血巾 (2 册)、高等画苑 (2 册)、动物图 (2 册) 以及图画新闻 (20 册)。刊中写道：“‘图画新闻’专绘各省可惊、可喜、可讽、可劝之时事。言者无罪，闻者足戒。”

《彤管清芬录》

舆论时事报编，1910 年 1 月至 8 月刊行。画报分两目，前目为

"彤管清芬录",后目为"海外厅谈"。一事一画,有文字解说。8月16日刊出《永久不灭之光学》图一幅。浙江省图书馆有存。

《申报图画》

1910年(宣统二年)1月在上海刊行,上海申报馆编。北京图书馆存有正月初四、初五、初七至初十各期。

《小说画报》(其一)

1910年1月创刊,至6月出版6期,月刊。上海文明书局出版,有光纸石印,线装本,包天笑主编。内容以文为主,图为辅,创刊号例言:"小说以白话为正宗,本杂志全用白话体,取其雅俗共赏,凡闺秀、学生、商界、工人无不咸宜。"在"鸳鸯蝴蝶派"滥调盛行之际,独树

图1–53 《申报图画》内页。左刊本埠新闻《禁止影戏》,右刊外埠新闻《县令卸任之怪剧》。

异帜，殊属难能。浙江省图书馆有存。1917 年，包天笑在上海亦以《小说画报》为名，出版了文多图少的同名刊物。当时尚有包氏主编的《小说大观》（季刊）、恽铁樵主编的《小说月报》（月刊）、姚鹓邹主编的《春声》（月刊）、蒋箸超主编的《民权素》（月刊），都还能保持原有风格，不受“鸳鸯蝴蝶派”滥调之浸染。

图1–54 《小说画报》第1期内页，上有文字“后事如何须待在下歇歇再说了”。

《天铎报》

资产阶级革命派创办的报纸。1910 年 3 月 11 日创刊，上海天铎报社出版。1923 年停刊。汤寿潜创办，陈训正任经理，主笔先后由汪允祥、李怀霜、戴季陶担任，陈布雷、柳亚子等也曾在该报撰文。报馆设在上海四马路望平街。第 1 期出刊 4 大张，以后多为 3 张。该报除日报外，兼出画刊一种，随报赠送。

该报宣称其宗旨是：“促进宪政、推究外情、提倡实业、宣达民隐。”栏目有社论、时评，专件、译电、专电，小说、文苑等。武昌起义后，响应革命。因坚持反袁立场，在“二次革命”爆发后，1913 年被淞沪警察厅查禁。

《上海杂志》

1910 年 12 月创刊，上海集成图书公司编印。内容“叙述上海时事，以图画为主，文字为辅”，共印 6 卷。

《民立画报》

《民吁日报图画》被查封后，旋即创办《民立画报》，此刊为于右任、宋教仁等于1910年10月11日在上海创刊的《民立报》之附送品，也为日刊。《民立报》日销2万多份，画报随之附送，也销2万多份。四川省、浙江省图书馆分别存有1911年1月至8月的画报残本。

画报为10开，石印。每日出甲、乙、丙3页，每页2面，每面均刊画1幅，经常作画的有张聿光、钱病鹤、汪绮云等，还刊外稿。

从1911年6月初至8月初，“官场之活剧”陆续刊出21幅画。如：《革党之风声鹤唳》《清吏念金刚经》《清吏身藏烟泡被搜出》等。后来，又以“可”字打头为题，刊出11幅画，大力揭露帝国主义的暴行。如：《可气》，画俄人在庐山行凶，殴打农民；《可痛》，画清政府与日本签订出卖国家利权的条约；《可悲》，画留日学生反对日本侵占安奉铁路，发起抵制日货运动等。关于各地天灾人祸的报道也不少。如灾民卖一个2岁的孩子仅得6串钱、湖北灾民丢下妻儿外逃的惨状、乞丐每日缴5文钱等。

画报积极排满宣传革命，揭露清吏腐朽无能。4月7日刊《虎丘山上之吊桶》，讽刺清吏都是饭桶。4月10日刊《归化同知之腐败》，画山西一地方官吏出门，前呼后拥。4月3日刊《警兵嫖妓》《旗兵敲诈》等。

画报反对清廷搞的伪立宪。4月1日刊《同春阁新设法政讲匀所》，画了3名青年在京师一妓院宣讲宪法；4月8日刊《吓走议员之怪剧》，画的是松江县娘子军大闹自治公所，议员落荒而逃；4月10日刊《议员之真相》，画议员都是饭桶，甚至是小便桶等。

阳历辛亥年三月二十九，革命党人在广州起义被清兵镇压的消息传到上海后，画报借此大力宣传革命。如《四处检查行人》画广州起义之后，草木皆兵，清政府到处搜捕革命党。画报以客观报道的手法，既造革命声势，且教革命党人提高警惕！还刊《方从贤痛哭

图1–55 《民立画报》刊出的《方从贤痛哭神州》。

图1–56 《民立画报》刊出的《议员之真相》，左有文字“桶内不准小便”。

图1–57 《民立画报》刊出的《新内阁与旧军机人权势力比例之图表稿》。

图1–58 《民立画报》刊出的《饭桶列队而行》，当时的贪官饭桶之多可见一斑。

图1–59 《民立画报》刊出的《白山黑水谁氏土》。

神州》《白山黑水谁氏土》《禁止舆论》《有强权、无公理》等图画。

此外还长期连载郑正秋的戏评和抨击时弊的小说《粉墨登场之杂货店》等。刊“禁止舆论”漫画，画的是人口被强封；外国掠夺东北资源罪行；还刊“瓜分中国”，在中国地图上，站着 5 只熊虎。

1872–1910 年间，画刊出版行业从无到有，从小到大，逐渐形成特有的一种图像文化景观。出版的画刊除以上介绍的刊物之外，有些只闻其名，不见其实。详情待考的还有《中国画报》《沪报新

图1-60 《民立画报》刊出的《男扮女装之革命》。

图1-61 《民立画报》刊出的《广东日来因革党起事》。

闻画刊》《小说新报画刊》《正风画报》《小说图画报》《书画公会报》《新世界日日报》《森益画报》等几十种画报。

第二章

1911-1926 年画报画刊出版

民国初年，由于西风渐浸，新知识、新文化在社会上盛行，在沿海沿江的大城市，由于人们渴望新知的要求强烈，图像出版业发达起来，各种画刊如雨后春笋般出现。1911-1926 年的画刊出版，目前可见名录的有 200 多种，但由于多数画刊属于一人办刊或一人办多种刊物，刊行的时间比较短，没有造成一定的影响，史料上也是只闻其名，没有更多的信息。再者，大多刊物由于出版资源有限，出版了几期就难以为继了，只得停刊，所以目前可查到的画刊有限。

第一节 1911-1919 年画报画刊出版

这一时期出版的画刊有 100 多种，但笔者目前收集到实物的只有 50 多种，还有十几种画报需要详细考证才能进一步确定。

《震旦日报》

1911 年(宣统三年)2 月创刊于广州。发起人有康仲荦、梁慎余、陈援庵。出有画刊，石印图画。

《北洋旬日画报》

1911 年 3 月创刊，可能在天津出版，每月 3 期，浙江白话新报社寄售。

《小说图画报》

清末在上海出版，阿英所编《晚清戏曲小说目》有所提及。具体出版信息不详。

《珠江》

清末在广州出版。《广东文物》杂志有所提及。还有写为《珠江画报》的，详情待考。

《近事画报》

1911年10月15日创刊，在上海出版。

《沪报新闻画》

晚清在上海出版，新闻画刊。主要内容有书评和讽刺清政府官吏的寓言与画作。

《小说图画报》

清末出版。具体出版信息不详。

《新闻画报》（其一）

清末在杭州出版，16开，石印。刊载社会奇风异俗、戏剧等。有一期封面贴有铜版印刷的苏州姑娘头像。封面交替使用蓝、红、黑诸色印刷。江苏省图书馆存有17–84期。

《民辛画报》

1911年4月创刊，日刊。6月29日刊文天津妇女召开天津失城纪念大会，英怀清、吕幼才等发表演讲，号召妇女发奋自强。还刊载过讽刺红顶花翎（清官吏）拜女巫、奸杀、禁烟等方面的内容。

《天荒画报》

潘达微编,辛亥革命后不久出版。

《平民画报》

1911年7月16日创刊于广州,每月3期,逢一出版。编辑兼发行为邓警亚,印刷为徐景,撰述为谬平民、冯百砺、尹笛云,画师有何剑士、郑侣泉、冯润芝、谭云波、李耀屏、潘达微,书记为著名书法家杨伦西,篆刻家胡汉秋担任缮写。发行所在广东省城第八甫。该画报图文并茂,文字内容有论说、词苑、杂文、小说、龙舟歌、粤讴。

此画报为辛亥革命前革命党人的机关刊物之一。兹举辛亥年八月初一出版的第8期目录,以概见其内容。一、焚攻督署图:三月二十九日革命党人攻打两广总督署。二、七十二坟秋草遍,更无人表汉将军图;三月二十九日起义牺牲烈士温生才之头随子弹飞去,郑家森之头竟将帽顶子来接图(讽刺画)。三、三月二十九日纪念图(讽刺画)。题词:是日也,革党起,革党死,官场震惊,防兵扰民,民不聊生。四、放脚图,家庭纷争图(社会画)。五、营勇奸杀图(时事画)。六、女侦探图、防民之口图(讽刺漫画)。

据1912年《时事画报》所登《广州平民日报添拓股份告白》说:

本报创刊于庚戌九月,为内地第一革命机关日报,以提倡大举暗杀为目的,发挥人道大同为宗旨,阅者仅百,风行内外,识者称为五岭以南思想界之一开新纪元。辛亥春间,因事停版,由潘达微、邓慕韩等接续办理,无何而有三月二十九之影响,满贼张鸣岐、王秉恩捕党人严密,益以本报社员有殡葬七十二烈士于黄花岗之举,又适值卢叔风案发生,遂勒令本社不许再行出版。然本报一面与之抗争,一面另刊画报(即《平民画报》),以传播吾人所持之主义,其后八月一日,日报改名《齐民》(至光复后改回“平民”),重张旗鼓,时值川路风潮激烈,武汉举义,本报鼓吹益力,满贼张鸣岐嫉甚,曾将本报记者深夜下之狱。九月十九日粤省见复，兵不刃血，本报同人奔走其间，有劳瘁焉。孙中山先生任总统，本报宣扬大义，不遗余力，给以优等旌义状，同人窃深自愧，益用加勉，励乃精神，扩充报务，期造幸福于人类，煽美德为世风，爰己其实，以造宏达。

《图画报》

1911年6月创刊，至8月出版108期。上海图画报馆编，经折装，为一长条（高1尺，宽3.5寸）。创刊号封面刊有铜版妇女半身像。内容有中外风光画、旧小说故事画、新剧画、故事画、新闻画、言情小说画和杂俎。第15、16、25期封面贴有铜版印刷的苏州姑娘头像。封面

图2-1 《图画报》宣统三年六月初十第1号。

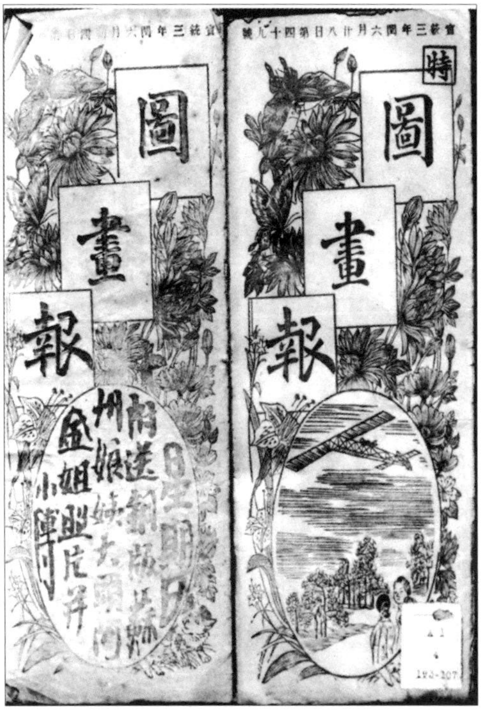

图2-2 《图画报》第49号。

交替使用蓝、红、黑色印刷。江苏省图书馆存有17–84期。

《图画灾民录》

《戏剧报》印行，1911年8月由上海华洋义赈会编印，随《图画日报》附赠。编辑为江泽犀，著述为王蕴登，陆鼎炬绘图。上海复旦大学图书馆藏有原件。

《时事新报（画刊）》

该刊未挂画报之名，实则为《时事新报》之附赠画刊，五彩精印，随《时事新报》赠阅。

该画报现存民国元年6月上旬至8月上旬50余日的残页。日出对开一张，有滑稽画、新闻画、政治画、讽世画、家庭画、格言画、悬赏画和小说等。土纸石印。

作画的有陆步云、虞聪昭。投稿的有师尚、凤竹等。

滑稽画栏的图画多为陆步云所作，先期占版面1/4，每日刊八九幅画，少时亦有三四幅，多半是描绘当时的社会生活。6月19日刊《离婚画》3幅；6月5日至24日刊《电灯恶剧画》十多幅，批评电灯忽明忽灭。

讽世画栏：6月16日刊《香烟之所以畅销也》，画的是“青年男女都吸烟”，7月1日刊画4幅：一为“中国留日学生爱娶日妻”，二为“中国女子开会抵制”；三为“中国留日学生开会维护日籍妻子”，四为“中国女子只好进养老堂”。

政治画栏：6月23日刊《掌舵者醒醒》，示意船将倾，影射国势危急；7月16日画同盟会员沈、解二君斗殴，打得头破血流，互不相让，须由姚会长断曲直。意在丑化同盟会员。

新闻画栏：6月18日刊《广东大蛇》；6月21日刊《乡民入南

图2–3 《时事新报》报头。

昌城被强行剪去辫子》；7 月 7 日刊《云南一女三眼》等。

家庭画栏：每次刊二三幅画乃至八九幅，如《女权能否扩张》就有 10 幅。后以“女之一生”为题，刊画 44 幅，从出生到成长、婚娶生子、衰老。

小说栏：长期刊载《闺秀之秘密日记》，图文各半，图为陆步云作，文字作者未署名。

《天铎附送画报》

《天铎报》共有两种附送画报，因时间不同，刊出内容也不同。以下按创刊先后列出。

《天铎附送画报》（之一）：上海《天铎报》之附送品。《天铎报》于 1910 年创刊，1912 年出版此画报，8 开，石印。日刊，每日 4 面，每面刊 1-4 幅画，附短文。6 月 16 日出版第 32 期，至 8 月 7 日出版第 85 期。

该画报揭露袁世凯“共和”的绘画有：6 月 24 日刊出的《一手共和》，图示各色人物都在一人手掌之中。7 月 28 日刊画 3 幅：一为袁氏“共和”已被内讧、外交、暴动所困；二为袁氏“中华民国”已成任人宰割的砧上肉；三为参议院之茶话会，一群黑鼠在一大猫俯视之下聚会。6 月 18 日刊《民国现状》，民国孤立在一片大水之中。

该画报还揭露袁氏政权不顾民生，哄骗穷苦老百姓上“国民捐”。6 月 20 日刊出的《和尚赤心救国》，画的是和尚受骗变卖珠宝上捐；6 月 22 日刊出的《青楼爱国》，画的是妓女也上“国民捐”；六月二十四日刊出《佣妇羞为亡国奴》，画的是一老佣妇被骗，将血汗钱送上去“国民捐”。

对于袁氏政权下的社会丑闻，也常讽刺揭露。6 月 26 日刊出的《千金难买护花铃》，画的是河南司令袁克成派兵保护妓院；6 月

图2-4 1912年7月8日第68期《天铎附送画报》刊出的《砧上肉》。

19日刊出的《淫僧之恶贯满盈》，说一和尚在禅房藏娇，事败露后，和尚被人轰出山门。

《天铎附送画报》（之二）：天铎报馆编印，霜痕、涤烦、一尘等作画，10 开，石印，每期 4 页共刊 4 幅画。1911 年创刊，创刊后至 1912 年 6 月 15 日已刊行 32 期，8 月 7 日刊行至第 85 期。兹按各期内容录述如下：

1912 年 6 月 15 日第 32 期，第 1 幅图为“满眼哀鸿”，画的是饥民在溪畔麦田割麦，文字说明是：“近来米价腾贵，几至斗米千钱，以致强乞劫食时有所闻。赏祊村有小麦数亩，现届成熟，昨日突来饥民荷锄负袋，尽行刈割，迨至佃户张念一闻信赶到，则已割去四亩，念一见其人众，亦无可如何……”

1912 年 6 月 17 日第 34 期，第 3 幅图为“因饥毕命”，说的是苏州米价每担 11 元，囤户居奇不售，贫民难以为生，一妇断炊三日，先毒杀十余岁幼女，后悬梁自殉。

第 35 期画有“议员吊毙工人之骇闻”；第 40 期画有“一落千丈之民党”；第 41 期画有“佣户羞为亡国妇”，还有“徐醒主笔之冤狱”，说的是徐州《徐醒报》开罪民政厅长，官厅将主笔捉去，欲置之死地，惊呼“民国言论自由前途危矣”；第 59 期画有武昌“德（国）人枪毙华人”；第 61 期画有“警长无行”。从标题和画的内容来看，这家画报，用画揭露了民国元年的社会真相。

《民权画报》

此报系 1912 年创刊于上海的《民权报》之附送品。戴季陶、何海鸣主编，周浩发行。12 开，6 页 12 面，每面刊画 1–4 幅。现在仅见民国元年 4 月 19 日至 6 月 29 日各期残页。

该画报分新闻、滑稽、戏评、小说四个栏目。它的明显特点是积极反袁。此外，山光水色、奇花异草、古典美人也是此画报常刊的题材。

该画报宣称：“自延大画家钱病鹤、汪绮云任画事。”但钜章、寄萍、署超等也常向该报投寄画稿。

新闻栏的时事画和滑稽栏的时事讽刺画，多为抨击袁世凯的反动丑恶言行画。

5月17日所刊新闻画《共和国中一怪物》，指的就是袁世凯。同日，又刊滑稽画3幅：一为“魑魅魍魉”4个虚笔字，随后又利用这4个虚笔的空道，填上“今日北京”4个黑字，意即当时的北京，已成魔鬼世界；二为《民国流血真相》，画一人头，有“袁记”二字，意即民国人头落地都是袁世凯造成的；三为《吾不欲观之矣》，画一人头，有“参政”二字，意即袁式的参政，不值得一顾。同日第二面刊《圆木折摧》图一幅，画一枯木夭折，旁写“呜呼，袁、段‘不祥之肇也’”几个大字。当时袁世凯与段祺瑞勾结在一起。

5月30日刊出的《五畜共和》，画了猿、熊、麞、兔、狐五种动物。不言而喻，猿指袁世凯，熊指熊希龄，麞指章宗祥。袁世凯窃夺民国大权以后，搜括民脂民膏，无所不用其极。

5月31日刊出的《中流砥柱》。讽刺“国民捐”越来越高，5月28日刊文《青楼爱国》，画南京的4个妓女也捐钱30元，6月17日刊文《敬告各界同胞、快快助国民捐，不然就像朝、印、越、波一样亡国》，以此哄骗老百姓上捐。

戏评栏，常刊郑正秋写的戏评文章。

小说栏，登载徐枕亚的记事小说《三云碑》、韩啸虎的记事小说《罗娘小史》、李定夷的义烈小说《鹃娘血》等。

《民强画报》

1912年5月28日创刊，同年10月22日已出版147期，每日2页，16开，上文下图，主要刊奇闻异事和讽刺画，也刊小说。四川大学图书馆存有 1912 年 6 月 5 日至 10 月 22 日的 9–147 期，少量有缺失。

《大革命写真画》

1912 年出版，上海商务印书馆编，略小于 16 开，横开本，铜版道林纸印，已知出版 15 集，每集刊照片 40 幅左右，用中英文说明。刊有武昌起义、各地革命军战斗、清军投降、清吏逃亡以及孙中山的革命活动等，共约 600 幅照片，是极为珍贵的历史资料。至今仍为报刊、展览会复制使用。

图2–5 《大革命写真画》第2集。

图2-6 《真相画报》第1期封面，主题是画家在绘“真相画”。

图2-7 《真相画报》第2期封面，主题是摄影家在照“真相图”。

图2-8 《真相画报》第16期。

《真相画报》

1912 年 6 月在上海创刊，高奇峰主编。旬刊，16 开。至 1913 年 3 月出版第 17 期后即停刊。多刊革命党人的英勇事迹、时事新闻照片等。辛亥革命前，高奇峰曾同潘达微编过民主革命的画报。民国元年以后，鉴于旧势力仍然顽固强大，于是编《真相画报》，继续鼓吹革命。“内有民族历史意义之照像甚多，绘画亦多可称之作。”

《时报馆附送画报》

1912 年 10 月出版至 88 期，12 开，石印。多绘中外社会奇闻，也刊载讽刺时弊的漫画。

《经纬画报》

1912 年出版至 15 期。经纬画报馆编。

《民国新闻》

1912 年 3 月出版至 24 期。北京图书馆有存。

《大共和星期画报》

1912 年 11 月创刊，16 开，经折装。12 月出至第 6 期，1913 年 10 月出至第 44 期。浙江省图书馆有存。

图2-9 《大共和星期画报》刊出的《木兰从军归》。

《人镜画报》

1913 年 4 月 15 日创刊于广州，旬刊，王筱彭编，吴抚躬发行，绘画石印。（1907 年，天津亦出过《人镜画报》24 期。）

《中华儿童画报》

1914 年创刊，上海中华书局编印。

《福幼报》

此刊原为 1888 年创刊的《成童画报》。1914 年在上海创刊，广学会出版，月刊。1936 年出版至 23 卷后改为半月刊，宗旨与《成童画报》相同。改刊后的内容主要为培养儿童德性、增长知识的故事及图画，适于 10-15 岁儿童阅读。第 23 卷第 1 期，刊载童话、小说、寓言、传记，常识，歌曲等，封面为三色版的《欢迎新年》，照片有《花开日记》《黄河风景》，图画有《各国的礼仪》等。全年出版 24 期。

《湘汉新闻》

1914 年创刊，在长沙出版，之后改名《天声报》《天民报》，发行画报若干期。主编为久海安，大概是长沙最早的画报。后总编辑去职，徐君禅继任总编辑，年底因故被封。改名《天民报》后，又出画报若干期。

《兵士杂志》

1914 年 4 月，浙江都督朱瑞为了给部下灌输军事知识，出版《兵士杂志》,每期附有世界名人、风景、战地写真及我国在法军人肖像等,制版印刷非常精美。

《寅报画报》

1914 年 5 月出版 1 期,杭州寅报社编印。寅即甲寅,为西历 1914 年。

《京师教育画报》

1914 年 8 月创刊,1916 年出至第 191 期,北京劝学总处编印。

《大共和画报》

此刊为《大共和日报》之附送品,日刊。《大共和日报》是民国初期共和党(后改组为进步党)的机关报,发表过许多攻击孙中山、黄兴的文章。炯炯编辑,12 开,大共和日报社出版。日报于 1915 年停刊,画报几个月后也随之停刊。画报一面为画,一面为

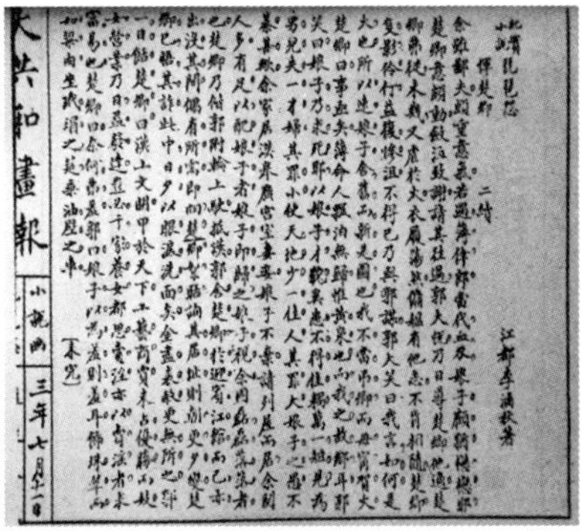

图2-10 《大共和画报》封面。

图2-11 《大共和画报》内页。

文。常刊新剧画、小说画、杂记画、名人字画和传记等。浙江省图书馆有存。

《小说画报》（其二）

1916 年创刊，上海文明书局出版，每月两期，有光纸石印，线装本。包天笑编。以文为主，记述、绘画古今中外名人艳事。

《神州画报》

1917 年创刊，沈伯尘、丁悚编绘。其他出版信息不详。

《小说画报》（其三）

1917 年 6 月 1 日创刊，月刊，至 1920 年已出至第 23 期。包天笑编，钱病鹤作画，沈芸芳发行，上海中华书局出版。16 开，有光纸印刷，线装本。

该刊宣称：“本杂志随节插以图画，引起读者之美观。”但还是一本文多图少的刊物。包天笑说：“小说画报开风气之先，纯粹白话文也。”江苏省图书馆存有第 1–17 期。

《图画剧报》

1918 年创刊，郑正秋主办，沈伯诚编。日刊，每期两张，图画、剧谈各占一版。郑正秋在辛亥革命之前，曾为多种画报撰写戏评。

《戊午周报》

1918 年 1 月创刊。1919 年第 22 期封面刊登《军政府总裁孙中山先生“肖像”》。

《世界画报》（其一）

1918年8月中旬创刊。编辑兼发行人孙雪泥，绘画及撰稿人皆为当时名家，有张聿光、刘海粟、丁悚、刘晓霞等。16开，彩色石印道林纸封面，上海生生美术公司出版。该画报出至1919年底。

创刊号栏目有名胜、工艺、历史、新闻、博物、轶事、装饰、风俗、游戏等。广告穿插于各栏目中。1919年7月中旬出至第12期，1927年10月出至第55期，刊期不固定。早期全部刊绘画，晚期开始刊照片。孙雪泥在第10期中声明：将编辑之责全委丁悚。出至第53期时又说："从今年出版起，所用图画，完全改用铜版或锌版。名人肖像、风景照片等类，可用铜版，尽量刊载出来。"还说："照相石印比铜版高三倍。"自此之后，就常刊出舞台剧照、风光照和电影剧照等。绘画方面，也多刊登油画、国画、街头速写和京戏脸谱图。街头速写多为刘晓霞、鲁少飞等人所作。尤以京剧脸谱印得最精彩。

《正俗画报》

1918年刊行，其他出版信息不详。

《上海泼克》

创刊于1918年9月，月刊，同年12月出版第4期后停刊。又名《泊尘滑稽画报》，是中国第一本专门的漫画杂志。该画报的创办人兼主编是沈泊尘。沈泊尘（1889-1920），字伯诚，原名沈学明，也署名沈明，浙江桐乡乌镇人。

《醒世画报》（其二）

上海醒世画报社编印出版，开本很小。现存1919年3月出版的第2期，此期栏目有欧战、文明结婚、时事（南北议和）、收烟叶、戏剧（武家坡）、滑稽、长生不死、小说画等。

《画报》

1919年9月出版第202期，12月出版第203期，1920年1月出版第234期。四川省图书馆有存。

第二节 1920-1926年画报画刊出版

这一时期出版的画刊有100多种，经过仔细考证，目前能找到资料或通过其他资料佐证的只有40多种。还有一部分画刊需要进一步挖掘研究资料，以确定其出版年代和画刊性质。

《中国画报》（其一）

1920年9月4日出版第10期，刊有剧照、风光和历史照片以及电影评论。

《申报图画增刊》

1920年创刊，刊行至1922年。申报图画增刊编辑部编，周刊，上海申报馆出版。之后又出版《申报图画特刊》。

《图画时报》

1920年6月创刊，戈公振编，星期日刊，直至抗日战争爆发后才停刊。4开，上海时报图画周刊出版。

图2–12 《图画时报·上海战刊》1932年2月15日所刊出的内容。

编者戈公振说:“文字有深浅,而图画则尽人可阅;记事有真伪,而图画则赤裸裸表出。而图画先于文字,为人类天然爱好之物,虽村夫稚子,亦能引起兴趣而加以粗浅之品评。”

创刊几年后改为 8 开、8 版,多刊中外时事及文体方面的照片,如 1927 年第 345 期刊出上海总工会活动照片。第 347 期刊出欢迎北伐军的照片,第 371 期刊庆祝北伐军胜利的照片。广告亦多。之后改为 4 版,中外时事照片和广告逐渐减少,1930 年之后改为 2 版,多刊妇女、儿童、体育、文化古迹照片。广告极少见。1932 年 1 月 28 日日寇进攻上海时,该刊第 789–828 期出版《上海战刊》,专刊国民党十九路军奋起抵抗的新闻照片。该刊刊行期较久,留下很多历史照片。

《战事新闻画报》

国民革命军总政治部(主任邓演达、副主任郭沫若)编辑。周刊。1927 年仍在刊行。

《中日美术》

1922 年 9 月出版第 1 卷第 4 期,中日美术协会编,月刊,在上海出版。

《神州吉光集》

1922 年 10 月创刊,1924 年 11 月出版第 7 集。钱病鹤编绘,上海书画会出版发行,主要刊载古今书画印章。

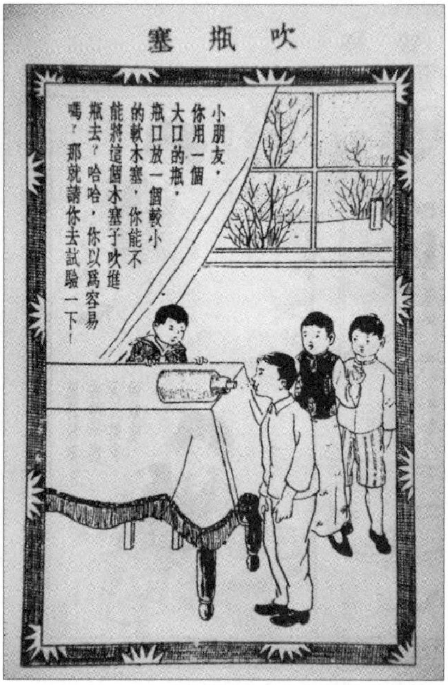

图2-13 《儿童画报》第118期封面。

图2-14 《儿童画报》第118期内页。

《儿童画报》（其一）

1922年创刊，上海商务印书馆出版，彩印。半月刊，一度停刊，1932年8月复刊，是一种小学生读物。

《图画世界》（其一）

北京图画世界社出版，月刊，1924年7月创刊，8月出版第1卷第2期。此为冯武越在北京首创的北方的铜版画报。冯武越早年在广州编印画报，后来到北平编印画报。之后去天津主编《北洋画报》。

《浙江战事画报》

1924年8月刊行，石印本。严禁亚、胡憨珠编辑，上海共和书局发行。

《上海画报》

1925年6月6日创刊，毕倚虹创办并任主编，后期钱芥尘任主编。上海画报社出版，三日刊，4开，每期2版。主要内容为反对帝国主义侵略的时事新闻照片。该刊创刊时，正值“五卅惨案”发生，刊登了《学生在华界沿途自由讲演》《凄凉的南京路》《圣约翰大学学生罢课》等惨案发生后拍的照片和毕倚虹撰写的《沪潮中

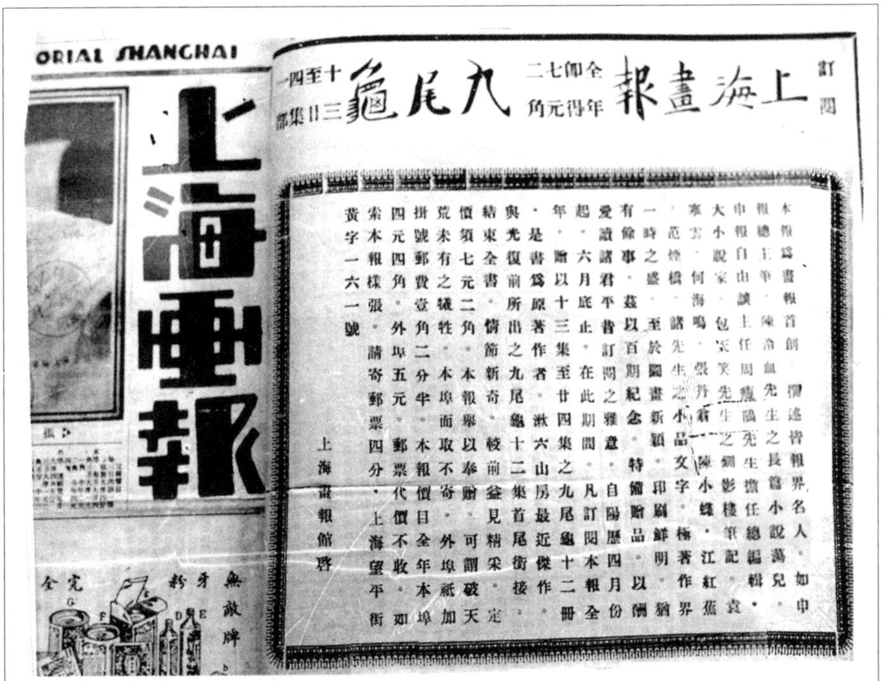

图2–15 《上海画报》创刊号。

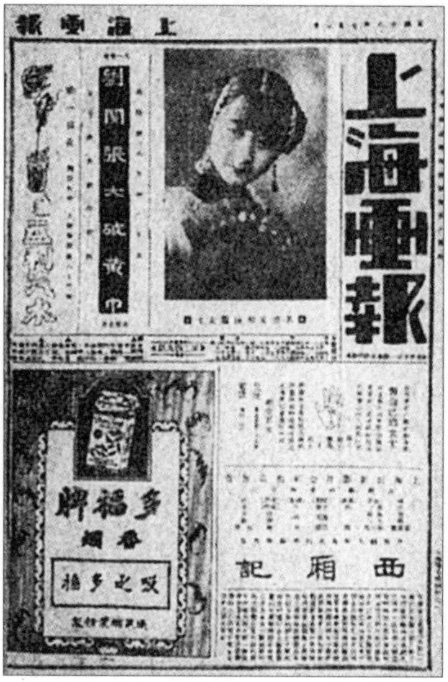

图2-16 《上海画报》封面之一。

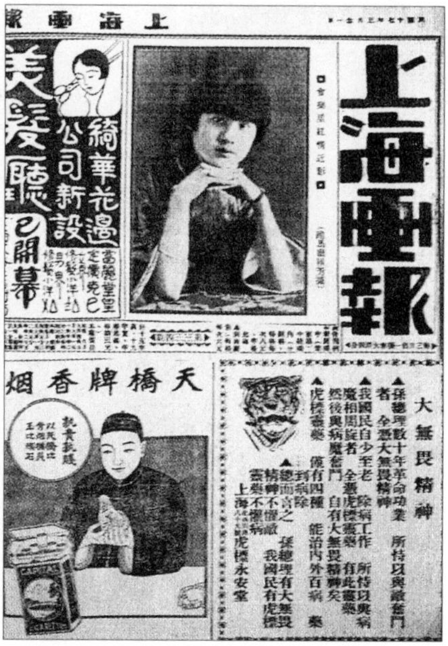

图2-17 《上海画报》封面之二。

我之历险记》《约翰潮》等文章。该报重视社会新闻，刊登了有关军阀的《曹汝霖、陆宗舆之别墅》等照片。此外，该刊还刊登一些剧照及杨云史、陈小蝶、周瘦鹃、包天笑、张恨水等人的连载小说。本刊刊头多刊仕女照，内刊时事新闻，剧照、书画等，广告占 1 版。1928 年在德国举办的世界报纸博览会上，曾展出此刊。1933 年 2 月 26 日该刊出版至 858 期。

毕倚虹原供职于《上海时报》，工作之余写有社会小说 11 部之多，其中《人间地狱》共 60 回，在上海《申报》的《自由谈》发表，为读者称道。1925 年创办《上海画报》，兼任编辑、营业，常亲自去印刷所候阅大样，往往通宵不寐。“五卅惨案”期间，上海报纸大多停刊，毕倚虹独创《上海画报》，主持正义，风行一时，京津各报以电文索取《上海画报》者接踵而至，望之而新创画报者达十余家之多。毕倚虹积劳成疾,于1926年5月去世,旋即由周瘦鹃接办。

周瘦鹃、黄梅生拍的照片和撰写的文章也在此刊发表。有人撰文说:黄梅生是摄影大王,年少多才,自周瘦鹃之后,没有人能与之相比。南京的中华照相馆也为此刊提供政治新闻照片。此刊还有专任记者,既拍照也写文章。

张恨水的《春明外史》《天上人间》也在此刊连载,曾刊张恨水全身照1张。作家老舍先生的处女作也在此刊首刊。

《三日画报》

1925年8月至1927年3月在上海刊行。

《星期画报》(其二)

1925年1月创刊,北京晨报社编,至1928年6月出版至第136期,4开4版。每期内容的栏目分为:一、美术;二、风景;三、时事;四、风俗;五、讽刺;六、游戏;七、杂篇。但不是每期都有以上栏目。画报编者说:"虽不配说美术,并且未做到我们理想的画报……"虽有时事栏目,但时事照片极少见,如在1928年3月4日刊出"广州暴动"照片1幅。其他多为书画、印章、古文物、戏剧、体育等方面的图片。

《孔雀画报》

1925年8月28日出版第1期,9月7日出版第3期,刊小说、剧照、风光、广告。在上海出版,4开2版。

《环球画报》（其一）

1925 年 8 月创刊，周佛尘创办，在上海出版，周刊，4 开 2 版。1925 年 12 月出至第 16 期。多刊新闻照片，“五卅惨案”照片刊出过多幅。还刊出仕女、剧照、名人像及广告。1926 年，周佛尘在上海创办《佛尘报》。

《小画报》（其一）

1925 年在上海刊行。

《紫兰画报》

1925 年 9 月 12 日创刊。4 开 2 版。此刊主要是为电影、戏剧宣传。1926 年 1 月 5 日已出至第 18 期。第 3 期第 2 版刊登过逊位后的宣统帝照片 1 幅。

《游艺画报》

1925 年 10 月 2 日创刊，至 1926 年 3 月 27 日出版至第 55 期，4 开。刊电影、戏照及风光、仕女照片。影剧广告占了画报 2/3 的版面。

《联益之友》

1925 年 8 月 1 日创刊，8 开。先为陆企豪主编，后为赵眠云、郑逸梅合编，半月刊，上海联益贸易公司印。该画报为商界所办。多刊画作、书法，风景、人物照，时事照片也有刊出。后改为旬刊，至 1928 年 5 月出版至第 76 期。

《紫葡萄》

1925年9月14日创刊，至1926年2月13日出至第25期。4开2版，横开本，五日刊。周瘦鹃写《开场白》："已凉天气未寒时，一颗颗鲜艳甜美的紫葡萄上市了，我们的画报，恰也正此时出版，要想一个妥帖的名儿，左也想不出，右也想不出，大踏步走在大街上，瞥见水果店中挂满紫晶球似的一串串紫葡萄，十分可爱，禁不住拍手大呼道，有了！有了！紫葡萄，紫葡萄！愿我们画报里的文字，也像紫葡萄一般的滋味甜美，愿我们画报中的图画，也像紫葡萄一般的色彩鲜艳。"头版刊仕女像外，全为广告。第2版刊电影明星和风光照片以及绘画等。很少刊载新闻照片。文字方面有轻松的杂记、时文、小说。1928年德国举办世界报纸展览会，此刊在会上展出。

《星期画报》（其三）

1925年9月6日创刊。总务主任叶飞，编辑主任严芙孙，图画主任魏芸湄，营业主任吴鸿章，会计主任王晓湘。上海良友印刷公司代印，4开4版。9月3日出至第2期，10月4日出至第5期。常刊新闻照片、风光照片、影剧照、明星照片，还刊雕塑、仕女图。广告则占版面的1/4。

编辑主任严芙孙写有发刊词：

上海画报，未三日，已达三十种，而后起者，复正兴未艾，是诚艺术界之好现象。顾余深作杞忧。故文字之报，信笔写来，亦能充满篇幅，画报取材，则有时而穷，长此以往，何以为继。是画报不虑销路不畅，独虑取材棘手耳。最近遇叶飞君，适有星期画报之组织，坚以辑务属余。叶识画家、艺术家、美术家不少，汇集材料无虑，譬诸治餐，美味佳蔬，满厨罗列，仅视庖人之手段为可耳。特恐庖人不善治，负此美味，奈何。

画报总务主任叶飞也写了一篇《吾之画报观》：

沪地画报，风起云涌，层出无已，统计算之，有十余种之多，未始非发展艺术之佳像。惟当初起时，均满刊模特儿照片，以为吸引买客之要素，今因淞沪警厅，明令取缔，不为从前之盛矣。按画报为表现艺术之出版物宗旨何等正大光明，立意何等清高纯洁，非可与人利用者。刊载模特儿，虽无伤大雅，实属有关色相，只可语上，不可以语下也，一笑。

当时画报刊载模特照片甚为盛行，而《星期画报》则一幅不登，实为难得。但仕女、明星、剧照则每期都有，此为当时画报之风格。周瘦鹃为画报题词“无美不备”，梅花馆主题词“尽美矣又尽善也”。

《世界画报》（其二）

原为《世界日报》的一个版，石印。1925 年 10 月 1 日改为 4 开单张，隔日出版。自第 13 期起改为周刊。先期褚宝衡为主编，从第 57 期起由林风眠主编，后期由萨空了、谭旦同主编。此为休闲刊物，刊登新闻及其他方面的照片，报道体育比赛等方面的动态，介绍影剧梗概，讨论婚恋问题等。

当时宣称“本画报系中国唯一之大规模的美术刊物，照片及制版均有完美之设备，图画由美术名家执笔，用铜版、石版彩色精印”。主要刊选中外美术作品及文教、体育、文物照片，第 5 期刊有褚宝衡所摄奉军活动照片。第 160 期（1928 年 11 月 11 日出版）公开征求稿件，启事中说：“本报征求时事照片、美术摄影、中西名画、游艺装束、学生生活等照片，一经登刊，酬金从优……”这一期为北平幼稚教育特刊，刊出香山慈幼院等数所幼儿园照片 23 张。印制的京剧彩色脸谱十分精美。

该刊长期未打开销路，成了日报的附赠品。萨空了接编后，大力改革，充实内容，大量刊载时事照片，如 1931 年“九一八”事变，

图2-18 《世界画报》封面。

图2-19 《世界画报》内页。

1932年1月28日，十九路军在上海抗击日寇的新闻照片，都及时刊出。1935年萨空了离社。该刊仍继续出版，至1936年12月已出至第576期，1937年8月9日北平沦陷后停刊。

《西湖画报》

1925年10月创刊，上海西湖画报社编印，对开1张。

创刊号第1版刊头为仕女像1幅，画报创刊祝词3种，其余为广告。第2版刊有发刊词，写道：

> 在这个闹哄哄的双十佳节里，我们千呼万唤的《西湖画报》竟呱呱落地了……我国子民处在这种我逼强邻内绕于军阀的局面之下。一年到头，除了这强颜为“欢”的国庆日外，大概有三百五十余日，都是葬在愁苦里。所以我们觉得我们欢欢喜喜的第一期，也只好在这强颜为“欢”的“欢”声当中，勉强地“欢”他一“欢”了。料必诸位也是“欢”迎的罢……

这一期并无揭露帝国主义和军阀的文字与图片。除刊风光、电影、绘画外，言情小说就有3篇之多。

《摄影画报》

1925年创刊，林泽苍编，上海中国摄影学会出版。初为4开，后改为16开，最后改为32开。初为周刊，后改为半月刊。至1937年，已出版518期。现存1929年第4卷第196期至1937年第13卷第17期。名称也多次改变，先名《摄影画报》，后名《中国摄影学会画报》，再名《画报》。此刊以纯正高尚为宗旨，刊登摄影研究专栏，刊新闻、艺术、人物、风景等摄影作品，也刊登一些文艺作品，文字详实有趣，照片新颖精美。停刊时间不详。在此之前，林泽苍还编过《摄影周刊》，开本略小于32开，出过5期。

《明星画报》

1925年创刊于上海，上海图画美术学院编印，三日刊，对开，2版。1925年10月19日出版第9期。

《大方》

编辑兼发行人叶仲方，五日刊，在上海出版。1926年1月15日出至第11期，2月5日出至第15期。按25日出1期计算，创刊应在1925年11月。刊电影、戏剧、画家、仕女像，还刊美术摄影及小说。

《天津画报》

创刊时间不详，日刊。现存1925年2月第1276期至1925年5

图2-20 《天津画报》封面。

图2-21 《天津画报》内页。

月第1370期。是图文并茂的通俗画报，内容皆为以图说的形式反映当时社会生活及市井民情中的丑恶与阴暗，并刊有社会小说连载。停刊时间不详。

《京报副刊》

由北京《京报》出版编印。北京《京报》为邵飘萍1918年10月5日创办，1924年12月《京报副刊》创刊。《京报副刊》到1926年3月出至456期，1926年，邵飘萍被北洋军阀杀害，此刊一度中断，1929年1月31日复刊后改名为《京报图画周刊》，这是北方办得最好的画报，从复刊第1期至1931年10月18日已出版117期，1936年6月已出版358期，由北平图画周刊社出版，为北方出版较早、刊行时间较久的一种画报。

复刊后，每期4开4版，前3版多为绘画等艺术作品，第4版为时事照片。后期所刊照片逐渐增多。复刊号上刊出邵逸轩绘的《虎头》图，注明为专利商标。画报开始有商标，即使不是首创，在当时也较为少见。该刊标榜为教育性画报，兼顾知识与兴趣。实则政治时事、经济、文化、艺术、民俗、国际新闻都有所涉及。

复刊号上刊有一幅孙中山在北上途中拍摄的照片，是孙中山亲笔题字赠送给《京报》的，《京报图画周刊》以醒目的标题“全国最景仰的孙中山先生”刊出。孙中山逝世后，连续刊出孙中山的大量照片。

《北洋画报》

1926年7月7日创刊，4开4版，天津北洋画报社出版。初为周刊，后改为三日刊（称作“社会半周刊”），从1928年10月2日第225期起，改为每周二、四、六出版，以50期为一卷，至1937年抗战爆发，已出版1587期。大量刊载政治、军事、经济、文化、科学及国际时事照片，深受广大读者欢迎。此为北方画报中，连续刊行时间最久、出版期数最多的画报。主办人为冯武越，主编为吴秋尘，萨空了也参加编务工作。后来冯武越鉴于华北形势已变，因张学良出国养病，补助经费断绝，乃将《北洋画报》卖给同生照相馆谭林北，经营到终刊。

此刊宣称：“吾报无政治作用，不高谈学理。最高使命，乃在求救济社会的烦闷，界以滋润之剂。乃在矫正社会观点与行为之错误，为作正途指示，故于端庄之中，杂以诙谐，总期谑而不虐，乐而不谣而已。”后又概括为“传饰时事，提倡艺术，灌输知识”，又概括为“庄谐并举”。

此刊是独立出版的，不是报纸杂志的附送画刊或画报，但它的版式与版面的安排，与报纸杂志的附送品没有多大区别。

第1版正中上为“北洋画报”四字，并注有“天津北洋画报”的

图2-22 《北洋画报》封面之一。

图2-23 《北洋画报》封面之二。

图2-24 《北洋画报》封面之三。

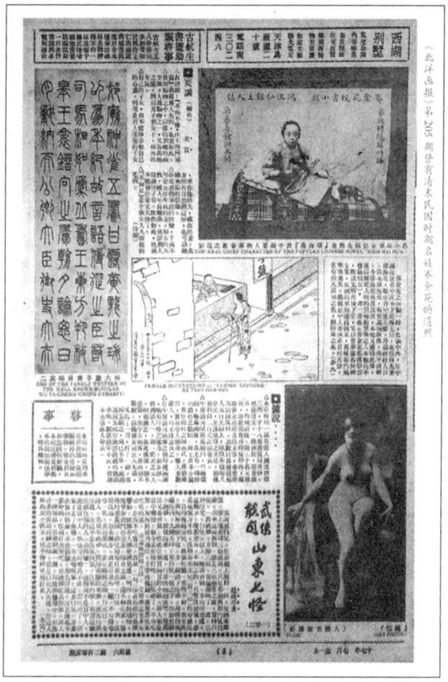

图2-25 《北洋画报》第205期内页，刊出晚清名妓赛金花的遗照。

英文名称。在此之下,常刊各媛闺秀、戏剧电影名流、学校高才生、交际花、美女及军政界名人的照片。在照片的左、右、下位置和第4版,为商业、银行、医药、剧场影院的广告,几乎占去版面的一半。第2版多刊新闻时事、戏剧电影照片和评介文章,第3版刊文化古迹、风土名胜、文体与金石书画等。但亦不固定,时有变动。

此刊虽称"本报无政治作用",然而在刊行11年中,刊出政治色彩的照片不少。

《北洋画报》的活动能量很大,约请了北平的"同生"、"大光",天津的"同生"、"鼎章"等著名照相馆为之供稿。东北新闻影片社和东北海军航空队等为之提供新闻时事照片,还有蒋汉澄、正曦、李荒生、周振勇等为之提供各种内容的照片。

《北洋画报》还自组"北洋摄影会",会员不少(周琴夫、冯至海、魏守忠等都是会员),这支力量为它拍摄和搜集了不少照片。该刊编者还直接向名人索取照片,如梅兰芳的剧照与生活照片,就要来了数十幅照片,经常刊载于《北洋画报》,比其他画报刊出的多得多。南方的照相馆、摄影社和摄影者也向《北洋画报》供稿。

新闻时事照片,多以单幅或组照以"专页"刊出。1928年,蒋介石到了北方,此刊第202期(1928年7月11日出版)刊出蒋介石与阎锡山的合影,第203期刊出蒋介石在北平的活动,以及在平津两地开祝捷大会(蒋介石的军队以北伐军名义到了平津)的照片十余张,第202期以文字报道了张作霖被日本炸伤的消息。

第219期(9月1日出版)刊出《北平报》开会追悼被北洋军阀杀害的邵飘萍、林白水的照片2幅(魏守忠摄)。1931年夏季,张学良及家人与平津名人在北戴河(此时传出张学良已宣布易帜),6月16日该画报即刊出了"海滨专页",图文并茂介绍张学良等的活动。

"九一八"事变发生后的第4天,即9月22日出版的第680期,宣称为哀悼国难，加黑框印出“国难当头，同胞猛醒！一致对外，救此危亡！”的醒目口号，画报也改用黑色印刷，以示哀悼。之后还刊登不少揭露和谴责日寇侵占东北的罪行的图片和文字。

1937年7月13日出版的第1580期，刊出卢沟桥事件照片9幅，第1582期又刊9幅，第1583期刊4幅。

此刊常为一人、一事出专刊、特刊、专号、专页等，名目繁多，照片内容多为戏剧、电影活动会，艺术家、摄影家等。有的出的期次较多，有的只出一期。《戏剧专刊》出的期次最多，它从1928年7月14日第17期起，至1937年7月24日第422期止，连续刊出大量京剧的照片、介绍文章与评论。

《良友》

此刊为伍联德于1926年2月在上海创办的一种大型综合性画报，至1941年12月太平洋战争爆发后停刊，刊行16年，共出版171期（抗日胜利后又出版172期）。用照片记录了1926–1941年间中国的历史和社会生活，刊出国内外时事、电影等方面的照片甚多，是一份很有历史价值的画报。

第1期中缝刊文：“本刊拟招请摄影记者每埠一人，专任摄取有关新闻性质之各种照片……”应请者为之拍摄新闻照片和其他内容的照片，有十几个著名的摄影者应聘上海、南京的大照相馆和摄影社等。故此刊稿源充足，每期刊出十几幅乃至三十余幅照片，且多为中外新闻照片，但也刊中外仕女及女影星照片。

从《良友》第80期起就担任主编的马国亮追述说：“画报内容丰富翔实，举凡国内外军事政治的变易，工农业的兴衰，以及经济建设、科学成就、文化教育、艺术文物、地方风貌、体育活动、妇女儿童、社会生活等等，无不及时报道。”当然还有对世界重大历史事件和国际知识的报导与介绍也都及时而面广。《良友》刊行 5 年后，萨空了评论道："中国画报显然渐有新动向……于数十年无进步之中国画报界中，能渐有曙光。"出至 150 期(1940 年 1 月)，阿英写文说："强调着中国军事、军事政治、经济建设，以及国际的重要动态，旁及于一般社会生活，艺术文化，这是中国画报内容的一种高度的发展。"这是《良友》刊行几年乃至十几年后，人们对它的评价。然而在初创时期，无论是取材或编排，都是不够完善的。这是因为创办人又是主编的伍联德，他过去未编过摄影类的综合性画报，当时又无他人的经验可汲取，全靠自己坚定的信念，摸索前进。

在创刊号的卷首号语写道："《良友》得与世人相见，在我们没有什么奢望，也不敢说什么极大的贡献和值得的欣赏，但只愿，像这散花的春神，把那一片片的花儿，布散到人们的心坎里去。"第 2

图2-26 《良友》第19期封面。

图2-27 《良友》15周年纪念号封面。

图2–28 《良友》画报第55期刊出的内容。

图2–29 《良友》第121期刊出的关于鲁迅葬礼的报道。

期就明确地说："作工做到劳倦之时，拿本《良友》来看，包你气力勃发……在家里没事干，拿本《良友》来看，比搓麻雀还要好……《良友》成了解乏或消闲的读物。"创刊号，刊出的政治、时事、时人、军舰、风光、世界奇闻以及歌舞、戏剧等方面的照片还是较多的。读者看了第1期来信说："你们印刷虽然美满，价钱虽然便宜，但你们《良友》内容不佳，类别不分，未免美中不足了……"但伍联德自信心很强，毅然将读者的意见登于第2期第1页上，以示有决心改进编排，提高画报质量。第1期封面刊出《蝴蝶恋花》等，彩色套印，很是引人注目，内容也较丰富，于是改为8开24页大开本，初版3000份，正值春节年假，一两天内就售完，再版2000份，三版又2000份，共达7000份，都很快售完，这在当时，一个新刊物第1期就销这么多，可以说是一个不小的成就。刊行几个月，便风行全国，不久又一两年后，画报质量提高，凡有华侨的地方，无不有《良友》画报，以后又加英文说明，行销五大洲，比在国内销售的还多。印行量最高达4.5万份。《良友》成功后，又成立了良友图书印刷公司，出版了许多刊物(包括另几种画报以及摄影技术和艺术论著)，还出版了大、中、小型的摄影集几十种，保存了许多珍贵的历史资料。

伍联德主编了四期后，就将主编职责委任给当时上海文坛很有名气的《礼拜六》杂志的中坚人物周瘦鹃，他主编了第5-12期，内容贫乏，编排又不当，照片零星而杂乱。多刊仕女、学生的照片，体育、电影，政治时事方面也刊出了一些。1926年11月出版《孙中山纪念特刊》(孙中山逝世一周年)，刊照片200余幅，由明跃五编辑。周瘦鹃主编期间，《良友》无大起色，伍联德就请在齐鲁大学学医未毕业的梁得所来主编《良友》。

梁得所主持编务后，改变了编辑计划，充实内容，加以精心编排，使过去取材编排杂乱无章的消闲画报，逐步成为图文并茂，使人增长见闻和知识的画报。梁得所主编的是第13-79期，内容日渐丰富。

《北京画报》(其二)

图2-30 《北京画报》封面。

1926年10月1日创刊，北京画报社出版。社长甯南屏，经理赵松樵，编辑甯南屏、傅芸子、付惜华、姚君素、李靖宇等。摄影者耿幼山、于自玄、金简斋、宁泳琴。1927年12月终刊，此为北京文艺界刊物，内容有国画、讽刺画、滑稽漫画，风景照片、名伶剧照，影界动态、文坛新讯，诗、书、画、金石，各种小品文及短篇小说等。

它是北方画报中刊行较久的一种，它的开本和刊期有多次变化：从创刊至1927年11月是月刊；1927年12月改出半月刊，16开，方本，每期40页；1928年6月中旬改出周刊，4开4版，自第1期

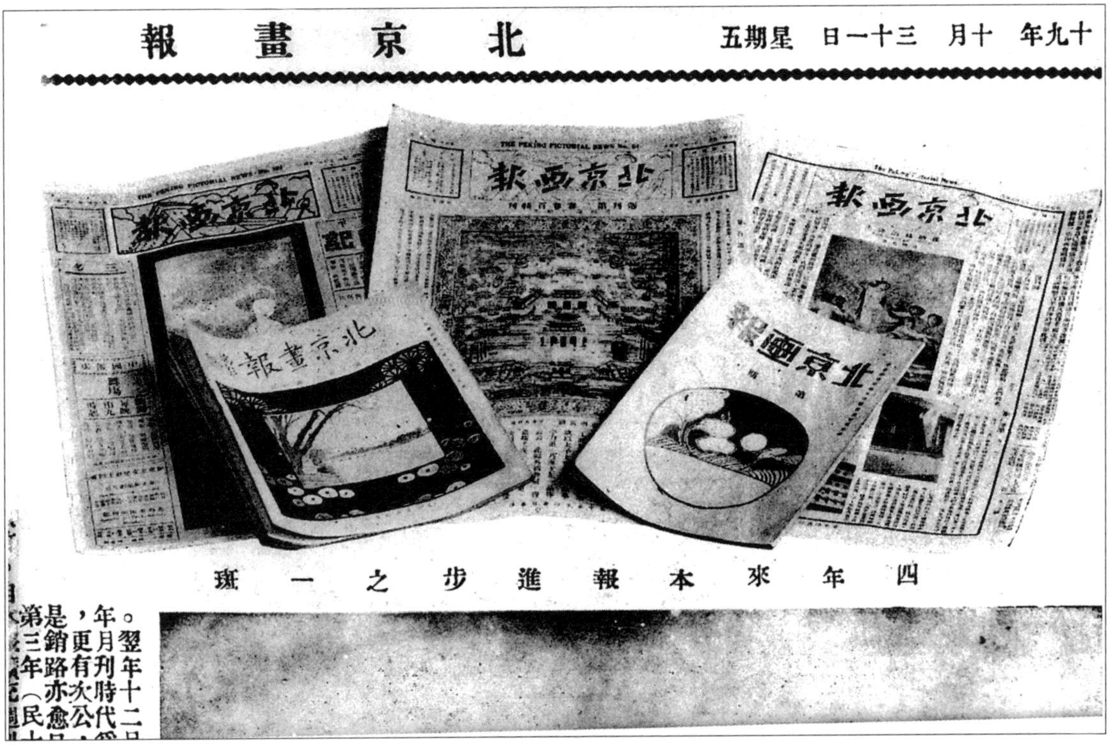
北京畫報　十九年十月三十一日星期五

四年來本報進步之一斑

图2–31 《北京画报》1930年10月31日刊出的5期该报头版的照片。

起，至11月3日已出至20期，至8月底或9月初，已出至50期，1929年9月21日出至51期；从第89期起改为三日刊，仍为4开4版，至1931年7月31日已出版200期，1932年已出至243期；终刊期待查。

舒小可在第51期中撰文说：

《北京画报》，为北方画报界创刊最早之画报，即非某日报所附庸，又非某商店之广告，而纯为一独立的民间艺术刊物，其价值自不可与一般画报同日语也……

当时北方的画报，多为日报的附送画报，独立刊行的甚少。

画报的宗旨，编者在第28期中（1929年1月1日出版）撰文说：

画报虽为美术作品，于政坛国事似属无关。讵知世界上籍美术表现发达者，比比皆是，是画报亦有相当之见地，而以美术阐扬之。因之，本报在此13期中，对于社会则力予针砭。对于政府亦云监督之意，而于宣传事业，固不惜版面未敢后人也……

观其所刊图文，对社会的揭露不算有力，更谈不上对政府的监督。即使如此，此刊也因局势恶劣而一度停刊，1928年6月才复刊。编者在复刊词中写道：

现在北伐成功，北京局势已有一番新气象了！在此时期，我们北京画报也继续出版，改为周刊。我们前次停刊，虽受印刷倒闭的影响，但也因处于恶劣势力之下，言论不能自由，图画不能随便登载的缘故……不自由毋宁停刊，现在呢，时局开展了，光明了，言论当然也自由了，我们趁此时机，重新努力，再使本报出版。

《小朋友画报》（其一）

1926年创刊，上海中华书局编印，半月刊。1934–1937年以此为名又出过第10–69期。

《杭州画报》

1926年1月出版至第5期。周刊，多刊电影及戏照。照片多为黄梅生、袁凤祥拍摄。

《平面图画周刊》

1926年1月创刊，在上海出版，8开2版，每期刊5–6幅图，多为社会新闻、风俗、故事等。1926年3月出至第12期。

《艺观画报》

1926 年 2 月创刊，黄赛虹编，在上海出版，1926 年 3 月出版至第 4 期。刊有金石书画等。

《太平洋画报》（其一）

1926 年 6 月 10 日创刊，主编韩啸虎，编辑舒舍予、秦立凡、顾明道，上海太平洋美术公司出版发行。1926 年 8 月出版至第 3 期，1927 年 1 月改为半月刊，出版 4-6 期，16 开。现存 1926 年第 1 卷第 1 期至 1927 年第 1 卷第 6 期。为文艺刊物，其宗旨是宣传艺术、介绍电影知识，以丰富生活。内容有电影明星、名伶介绍，书画作品

图2-32 《太平洋画报》封面。

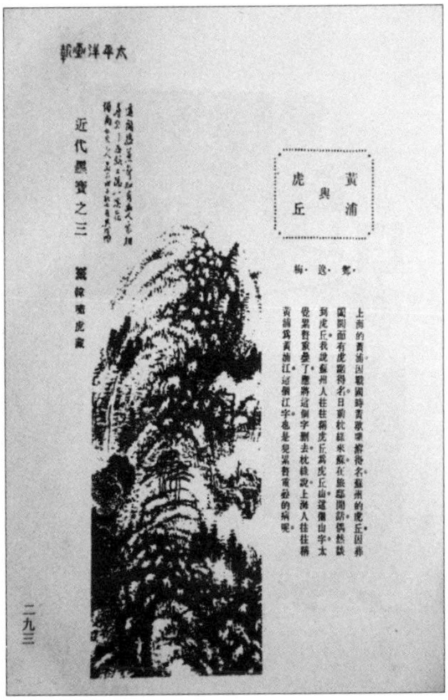

图2-33 《太平洋画报》内页。

介绍，讽刺漫画和小说连载等。该刊特色为人物画优美，文字典雅，并穿插有各地风景图片。

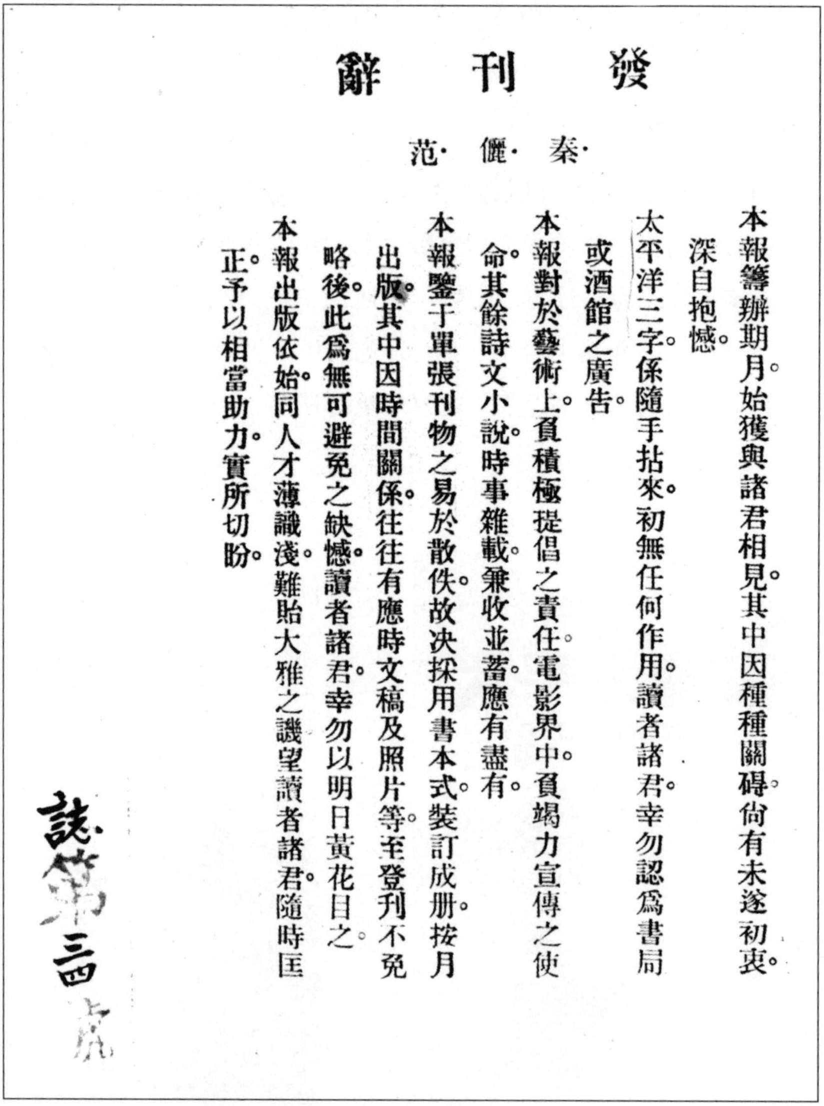

發刊辭

秦·儷·范·

本報籌辦期月。始獲與諸君相見。其中因種種關碍。尙有未遂初衷。深自抱憾。

太平洋三字。係隨手拈來。初無任何作用。讀者諸君。幸勿認爲書局或酒館之廣告。

本報對於藝術上負積極提倡之責任。電影界中負竭力宣傳之使命。其餘詩文小說。時事雜載。兼收並蓄。應有盡有。

本報鑒于單張刊物之易於散佚。故决採用書本式。裝訂成册。按月出版。其中因時間關係。往往有應時文稿及照片等。至登刋不免略後。此爲無可避免之缺憾。讀者諸君。幸勿以明日黃花目之。

本報出版依始。同人才薄識淺。難貽大雅之譏。望讀者諸君隨時匡正。予以相當助力。實所切盼。

图2-34 《太平洋画报》创刊号刊登的发刊词。

《东方画报》（其一）

1926年创刊，上海商务印书馆编印，16开。主要刊载中外新闻照片，印刷清晰，1938年迁香港出版。

《新银星与体育》

1926年9月创刊，上海良友图书印刷公司编印，月刊。1931年5月出版至第32期。此刊原名《银星》，后改为《新银星》，自第20期起与《体育世界》合刊，改名为《新银星与体育》。

《通俗画报》（其三）

1926年10月创刊。成都市立通俗教育馆出版部出版发行，由各大书坊代售。16开。供稿者有：豫波、丹丘、蜀侠、醉红生、熙宁、老酣。此刊为绘画画报，主要内容有风俗画、讽刺画、寓意画、国粹画、漫画、新闻画，色彩画、写实画，诗歌、小说等，终刊时间不详。

《工人画报》

上海总工会编，1926年在上海第一次武装起义前出版。同时出版的有《总工会五日刊》等9种。报社设在上海租界之内，言论不受租界当局的限制，深刻揭露军阀孙传芳屠杀工人的罪行。

1926年11月出了《打倒孙传芳特号》，刊画4幅：一、孙传芳死的日子到了；二、孙传芳压迫人民的罪行；三、(因字小，难以辨认，有图)；四、人民联合起来一致打倒孙传芳。还于画之右边刊“打倒封闭总工会的孙传芳！”左边刊“打倒枪毙刘华、孙传芳！”下边刊“打倒帝国主义的走狗孙传芳！”标语。

《银光》

创刊时间不详，月刊。卫春秋编辑，香港电影文艺互进社出版。主要讨论电影理论和电影技术问题，介绍国内外新星、国产新片和国外影片，刊登中国及香港各大电影公司的动态及电影观后文章。现存1926年12月一期停刊时间不详。

图2-35 《银光》封面。

图2-36 《银光》内页。

第三章

1927-1936 年画报画刊出版

这一时期画报出版业空前活跃，据不完全统计，全国共出版了 500 多种画刊。目前能收集到的有 340 多种，这对于研究该时期的画刊出版情况提供了非常有价值的研究资料。尤其在中国共产党领导下的广大地区，画刊出版十分兴盛，画刊成为宣传群众、鼓舞群众的有效手段。在国统区，政府也十分重视画刊的出版，鼓励文化部门多多出版群众喜闻乐见、寓教于乐的画刊，以争取国民的宣传舆论阵地。

第一节 1927-1929年画报画刊出版

这三年间全国出版的各种画刊超过了百种，除国共两党出版的带有宣传性质的画刊外，其中有很大一部分是各种娱乐性质的画刊，尤其是对电影的宣传。

《国民》

1927年5月创刊，国民周刊社编，周刊，1927年8月出至第15期。

《京津画报》

1927年刊行，季刊，出版至36期。

《西厢画报》

1927年9月3日创刊，徐君伍、胡镜容编。主要刊戏剧、电影照片，不过刊用照片数量较少。

《影戏画报》

1927年创刊于上海，旬刊，8开，4版。1927年8月25日出至第7期，9月25日出至第10期。主要介绍电影，每期刊照片七八幅。文字部分内容为影剧故事。

《农民画报》（其一）

梁又铭曾任次看编辑，在北伐期间发行。梁又铭当时是北伐军总政治摄影成员。

《湖北农民画报》

湖北农民协会编印，约在1926年底或1927年初创刊。

《山东农民画报》

山东农民协会编印，约在1926年底或1927年初创刊。

《精武画报》

1927年8月15日创刊于上海，半月刊，主要刊载学习武术与摄影的活动。4开4页，道林纸印，上海良友画报社出版。1927年9月15日出至第3期，1928年10月仍在刊行。图文详介霍元甲的功夫享誉全国。霍后与日本人比武获胜，为日本人投毒所害。

《十四军政训处画报》

1927年7月出创刊，民国革命军第十四军政训处编印。

《华北影报》

1927年5月创刊，北平真光影剧场编印，半周刊，1931年10月出版至第595期。

《天鹏》

上海天鹏艺术会编印。月刊，1927年7月至1929年12月间出版多卷。此刊又名《天鹏画报》。后又改为《天鹏摄影杂志》，黄天鹏为主编。

《革命画报》

1927年4月26日创刊，每周出1张，8开4面，由设在上海西门方斜路的革命画报社出版。该刊反革命色彩甚浓，但也报道了1927年“四一二”反革命大屠杀实情。国民党宋教仁（署名“愚父”）撰有该报创刊号的序文，他写道：

> 革命画刊使命有二，一为发扬革命精神，一为指导改革之途径。综观上海近年以来，所出之画报，处于军阀势力压迫之下，大都抱定“只谈风月”之宗旨。故本报虽欲于是时出版，亦断不能与之并立。此固环境所迫，乃无可为何者也。

自国民革命驱逐“土匪式”（即孙传芳统领之五省军阀联军，孙任司令）的军队以来，上海言论界的趋向为之一变。反观当时已经出版的画报，相似度很高，画报中间会穿插关于革命事业的照片，然而不过是带着供人观赏和收藏的性质，与画报的使命无关。在革命尚未成功之时，除广州外中国很少有革命性质的画报。在上海未发行此报之前，画报除供人观赏以及可留作纪念以外，没有任何参与革命的表现。该报记者非常希望能够秉承孙总理“三大政策”的革命精神，遵守其遗嘱。

该画报的征稿要求如下：

一、文字：须浅显明白，富于革命思想而能激励民众。

二、图画：分时事讽刺画及照片两种。甲、讽刺画：须含有创造性及刺激性，能鼓励民众，使民众易于了解，方为合格。乙、照片：关于革命工作之时事摄影，革命运动之中心人物，及纪念建筑物等。

此报还出有成都版，名为《革命军人画报》，内容雷同，腔调一致。另见黄埔军校也出过《革命画报》，但已丢失。

以下是现存的上海《革命画报》中的部分内容：

第1卷第1期第3页刊有士骐作的“拥护国民政府”“实行三民主义”“狐假虎威，残杀同胞”等几幅画，欢迎北伐军胜利之苏州女同志人像一幅。第4页上方刊有蒋介石像，又刊有上海特别市党部迎汪精卫复职，并刊其像。

1927年4月23日第2期刊孙中山石雕像，之下刊美丽牌香烟广告，边框外刊“庆祝国民政府建都南京”口号。还用文字刊登一周大事记，如1927年4月13日，曝“四一二”大屠杀情况：本埠总工会内中分子复杂，于12日早晨4时，自起冲突，激战1小时，后经二十六军兵队调解，全部缴械，以待解决，即1927年4月12日之蒋介石之大屠杀之始。该期还刊载有14日工人游行，与军队冲突，死者数人、伤者数十人的消息，另刊有“闸北工潮中之牺牲者”，但报道该事件死伤人数失实，远不止“数人”“数十人”。刊载的文章竭力反共。第3页刊“愚父”宋教仁撰文反共，又刊“闸北工潮之一瞥”照片1幅。第4页全为广告，刊眼镜、钟表的广告。

1927年5月1日第3期刊有“五一”专号，共9页，边框刊有口号：“只有三民主义才能解救工农；减轻农民负担，增加工人薪资；拥护总理农工政策；发扬五一纪念日的精神”。

该期刊有4篇纪念“五一”的文章，兼有反共论调。刊图3幅，一为英军抵沪，一为追悼会之场景，还有一幅内容不明。

1927年5月4日第4期出“五四”专号，刊头刊孙中山与蒋介石、王柏林、何应钦合影1幅，内刊闸北恒丰路“惟我”照相馆拍摄的照片2幅，叶为音拍摄的“闸北‘五一’纪念会主席台”照片2幅，还刊有“南京‘五一’纪念会之主席台”照片，第4页全为广告。

1927年5月9日第5期刊出“国耻”专号，刊日军在济南杀我公使蔡公时的照片。

1927年5月14日出版第6期。

1927年5月21日出版第7期“纪念陈英士先生”专号。

1927年5月30日出版第8期“五卅”专号。

1927年6月4日出版第9期，第3面刊松涛拍摄的四川二十八军军长邓锡侯以及二十八军军长的就职照。还刊出成都街景照、保路纪念塔照片。

1927年6月11日出版第10期，第2面刊广州特约记者鲁文辉拍摄的“广州‘五卅’纪念会参与之军警界”“广州五卅纪念游行时之情形”照片各1幅，第3面刊该报青岛特约记者梁瘦影拍摄的“日本帝国主义出兵华北之战舰”“日兵在青岛登陆整队时之摄影”照片各1幅，由该报江阴特约记者季和华拍摄的“五月二日英美炮舰在拦门沙轰击江阴之炮弹”照片1幅。

1927年6月18日出版第11期，第3面刊“上海六十万民众反对日本出兵之激昂”照片3幅，为叶如音拍摄。

1927年6月27日出版第12期。

1927年7月5日出版第13期。

1927年7月12日出版第14期，第2、3面刊复旦大学周狄拍摄的照片4幅，周为拍摄的照片1幅。

1927 年 7 月 19 日出版第 15 期。

1927 年 7 月 26 日出版第 16 期。

1927 年 8 月 2 日出版第 17 期。

1927 年 8 月 13 日出版第 18 期。

各期均刊有图文。

《珠江星期画报》

1927 年创刊，旬刊，广州胡蝶魂编，1928 年停刊。主要内容有政治和社会方面的新闻图片，社会和生活的知识评论，电影介绍及大量图片，岭南画家介绍、书画鉴赏，社会名媛照片、地理风光照片、漫画及西洋画等。

图3–1《珠江星期画报》封面。

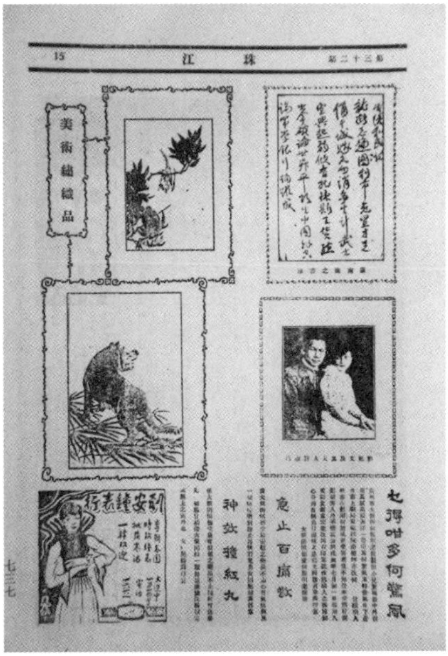

图3–2《珠江星期画报》内页。

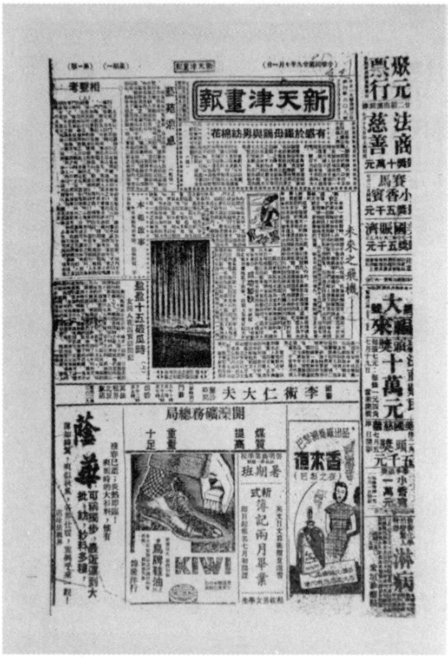

新天津畫報

KIWI

图3–3《新天津画报》封面。

中原公司

歡迎參觀

大陸銀行

图3–4《新天津画报》内页。

《新天津画报》

1927 年初创办于天津，主编初为姚一达，后由喆夫接任，8 开 4 版，道林纸印刷。综合性画报。主要是报道社会问题，揭露社会弊端，反映人民疾苦，宣传抗日、爱国。内容包括时事新闻、社会新闻，美术、书画作品，漫画、漫谈，介绍常识、艺术品、文史知识，明星名伶剧照、生活照，并有法律专刊和文艺副刊。“九一八”事变后，停刊 50 日。1937 年 7 月，天津沦陷后出版至第 200 期停刊。1937 年 9 月曾一度复刊，复刊后共出版了约 40 期。现存 1933 年 8 月第 1 期至 1937 年 7 月第 200 期。

第 173 期第 1 版刊头刊有画像，之下为“新官现形”，第 2 版刊照片多幅（天津市商会 1 幅、西安事变 9 幅、绥东前线 1 幅、包头飞机库 1 幅、泰山革命纪念塔 1 幅），第 3 版刊中外戏剧、电影照片 9 幅，第 4 版全刊广告。

第 176 期刊中外时事、中外电影、戏剧照片 15 幅。

《大亚画报》

约 1927 年在沈阳创刊，沈阳大亚画报社出版，1934 年已出至第 340 期。主要内容有社会新闻文章和照片、影视剧照等，现存 1928 年 8 月至 1931 年 9 月各期。后迁至上海刊行。

《红玫瑰画报》

赵苕狂编，上海世界书局出版。1928 年在德国柏林举办的世界报纸展览会上展出此刊。

天趣畫報

图3-5《天趣画报》封面。

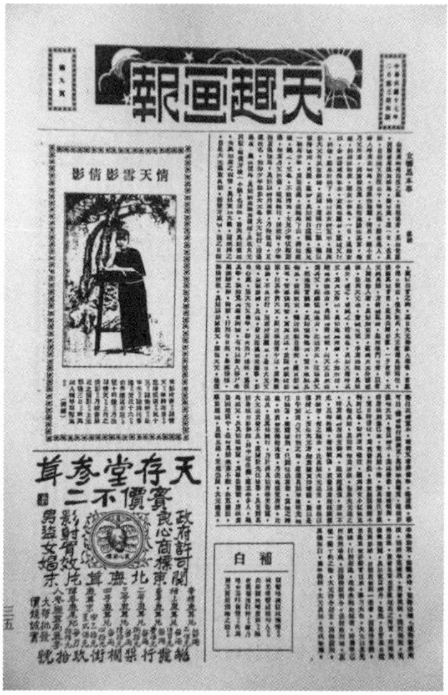
天趣画報
天存堂参茸
寶價不二

图3-6《天趣画报》内页。

《天趣画报》

1928年1月创刊于广州，月刊，黄柏坚编，同年7月停刊。主要内容有电影画报、美术图画、影星照片、影剧照片、社会名媛生活照等。

《海珠星期画报》

创刊时间不详，周刊，广州罗达夫编，主要栏目有时事新闻、歌坛近况、梨园杂评、丹青妙笔、银灯幻影、百宝大库、风月闲谈等。停刊时间不详。

图3-7《海珠星期画报》封面。

图3-8《海珠星期画报》内页。

《开麦拉》

1928 年创刊，龚之方任编辑，三日刊，上海出版，彩印，刊行半年多。刊电影剧照及介绍文字。

《民众画报》（其一）

1928 年创刊，南京国立通俗教育馆编印，当年出版至第 5 期后停刊。

图3-9《骆驼画报》封面。

《骆驼画报》

1928 年 3 月 4 日创刊，三日刊，出版至 60 期，曾在 1928 年德国举办的世界报纸博览会上展出。

《每周画报》

约在 1928 年创刊，在浙江出版，至 1929 年出版至第 46 期。

《美育杂志》

1928 年 1 月创刊，李金发编。

《蜀镜画报》

1928 年 2 月 19 日创刊，至 1929 年 2 月 3 日已出版 48 期。成都蜀镜画报社出版，周刊，8 开 2 面，土白纸石印。先由成都维新印刷局代印，后为成都能伦石印社印刷与发行。地址设在成都中山公园内，即现在的人民公园。该画报宣称："维持风化的、挽救人心的、提倡美术的、研究书画的、尊重文艺的、有益娱乐的。"主要内容反映四川的民风、民俗、市井百态，此画刊就像一面镜子，反映社会芸芸众生的影像，图文并茂。此刊为工笔毛笔画。凡忠孝节义、时事、趣闻、山水皆入画，未刊风流色相画。

该刊还提出这样的口号："好汉们呀！一劫人生再劫难，报应昭彰在眼前，趁早回头莫迟延，不犯国法不怕官。""不怕官"也是假话。当时对四川的军阀以及民国军政人物，皆绘图画影，刊于各期画报，措辞无有犯颜之处。

《镜报》

1929年已刊行至第100期，在汉口出版。

《香花画报》

1928年8月创刊于广州，香花画报馆编印，月刊，张清泉编。1929年7月停刊，在香港、广州发行。主要栏目有浪花、墨花、笔花、锁花月旦等，内容包括影戏名伶照片、剧评作品、油画、国画、漫画、书法等。报名并用中英文，封面的绘画为胡显生作。

《中国画报》（其二）

天津商报馆北平分馆编印，旬刊，1928–1929年间刊行，出至第23期。

图3-10《香花画报》封面。

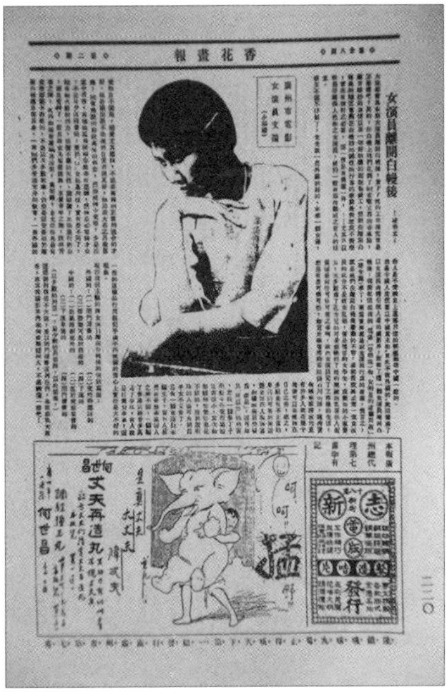

图3-11《香花画报》内页。

《图画京报》

周刊，8开2张4版，前3面为宣传组画，最后一面为时事照片。随报附送，单卖每期铜圆8枚。现存的残页有第8期（1928年5月20日出版）、第9期（1928年5月27日出版）、第10期（1928年6月3日出版）、第12期（1928年6月17日出版）、第13期（1928年6月24日出版），有多期被撕去头一页，期次不可知。还有第28、31、33、34、35、43、45、50期。最后的残页为《图画京报特刊》“社会写真”专号，刊期不可知。由画报出版名家梁鼎铭、梁中铭拍摄的劳苦百姓照片16幅，仍清晰可见。此刊在日寇制造“济南惨案”期间刊行，每期刊出许多宣传画，谴责日寇野蛮屠杀中国人民的暴行。

《中国画报》（其三）

北平东裱褙胡同66号中国画报社编，周刊，北平美华公司承印，8开4版，在华北、香港等地发行。此刊还聘有法律顾问。1929年3月2日出版第1卷第11期，刊出此报征求照片、图画、文字稿件启事一则：“本报征求名媛闺秀小影、时事照片、时事漫画，及短趣小品文字等照片、图画、文字稿件……”所存第11、13期，所刊照片多为名媛闺秀、影星，但称为“人体美术摄影”。

《一乙画刊》

1928年1月在上海创刊。

《少年画报》

1928年创刊，当年出版了7期，周刊，上海商务印书馆编印，是我国出版的少年画报中最好的一种。后迁往香港出版，刊行时间较长。

《今代妇女》

1928年6月创刊，月刊，上海良友公司出版。主编余贵美，后由马国亮任主编。原名《现代妇女》。之后又改名为《妇人画报》。

《绿叶画刊》

1928年10月创刊，天津河东中学绿叶花会编印，当年11

月仍在刊行。

《美美画报》

1928年8月18日在北平创刊,美美画报社编,周刊,8开4版,铜版道林纸印。每期刊照片、绘画十五六幅。

在创刊号“出版小言”中说:

此为本画报创刊第一期,以编者之谫陋,欲使本报充数于当代美术著作之林,实觉惭愧。所望世之爱美诸君子,以充量之批评与指示,俾得逐渐改良,庶不负阅者雅意。近两日来(按:应为两年来),北平新发生之画报甚多。本报对于选材一事,特别注意于新颖、美好、真实三端。文字方面,亦多择其趣味……

在“编辑者言”中说:

爱好艺术的朋友们!我们明白艺术是大家的,《美美画报》是为提倡艺术的发达而设,因此我们了解该画报是属于我们大家,并非老板几个私人的,人人指导和扶植为当然……

从此刊1–20期所刊图文来看,此刊纯为娱乐性画报,每期刊出外国电影明星照、中外绘画、京剧剧照,体育、风光照片也刊载一些。

《三六九画报》

1928年11月创刊,北京三六九画报社发行,16开。先由朱青绅编,继由朱书绅编,之后由朱海鸣编,三日刊。至1945年出至第32卷第8期。抗日期间,该报投靠日本,抗日胜利后被审判惩处。

《艺林旬刊》

1928年1月创刊,北京温家街中国画学研究会编。1928年

12月出版至第36期，1929年12月出版至第72期。主要刊载艺术作品，偶刊风光及人物照。

《北平画报》

1928年7月20日创刊，由北平西城的北平画报社编印，至1929年出版至第41期，8开4版。

《丁丁画报》

1928年刊行至第12期。周刊。

《日跃画报》

1928年8月5日创刊，4开4版，日跃即星期日，每逢此日出版。原名为《新晨报副刊》，北晨报馆编印。至1930年已出版100期。1929年又出版《北晨画报》，1934年再出版《北晨画刊》，此二种后文详录。

《日跃画报》在"编辑者言"中说：

> 我们这张画报总算此刊开始了，蒙各界赐予的祝词、名作、鸿文等，本报实深感谢……我们计划的希望，是凡关于艺术及有时代性的新闻摄影片，每期刊登一两张，例如国画、西画、雕塑、建筑、戏剧、电影、舞蹈、金石、漫画、体育、艺术、摄影等等。关于文字及介绍文字，并每期专刊一小栏漫画……

1928年11月11日《日跃画报》又在《北京画报》第160期广告中说："为新出各种画报中最有精彩者，为富有时代性的艺术文化宣传品，为各界新青年的读物。"

当时为该刊拍摄照片的除该报记者外，还有张印泉、魏守忠、金哲悟、刘和君、施益阐等。但从100期画报中看，大量刊载的是书画，刊载的摄影作品不多。后期风光照片较多，新闻照片极少。其他照片如摄影艺术、人体摄影、人体画也刊出过，总体而言此刊还是严肃的。

《常识画报》

1928 年 11 月 12 日创刊于天津，三日期。先为周刊，每周二出版，后改为半周刊，每周一、五出版，头二期各为 8 页，之后多为 4 页。该刊在第 14 期（1929 年 1 月 21 日出版）中称：“灌输常识是为建设基础，中国唯一有组织之画报，文图辅解常识艺术化，新闻科学剧照无不新颖。”现存 1928 年 11 月第 1 卷第 1 期至 1929 年 1 月第 1 卷第 14 期。该刊为文化艺术画刊，以提倡强身健体、科学、美育、艺术为宗旨，用图画的形式辅

图3-12《常识画报》封面。

图3-13《常识画报》内页。

助介绍美学、科学常识，来达到向民众灌输常识的旨趣。登载中外美术、书画、摄影作品，人物介绍、书刊介绍、明星动态等，并有以宣传美学为目的的“曲线美”专刊。停刊时间不详。

《国闻画报》

1928年2月创刊，上海国闻画报社编印，三日刊，上海利国印刷厂代印，8开2版。1928年8月出版至第60期。刊载新闻照片、小说、知识趣闻等，广告甚多。1928年在德国举办的世界报纸博览会上展出过。

《醒狮画报》

1928年出至第7期。

《华北画报》（其一）

1928年1月创刊，北平华北画报社编印，周刊，至1929年10月出版至第96期。1928年还出版过副刊1–26期。

《天津华北画报》

1928年创刊于天津，星期日出版，天津华北画报社刊行，8开4版。1928年2月12日出至第7期。现存1928年5月第21期至1929年10月第96期。该刊为电影娱乐画刊，是介绍外国电影的专刊。内容有影坛新闻、电影常识、明星动态、趣闻、长篇小说连载，剧照、生活照等。附有《华北画报副刊》，刊登内容皆为影讯、影评及与电影或艺术有关的文字。停刊时间

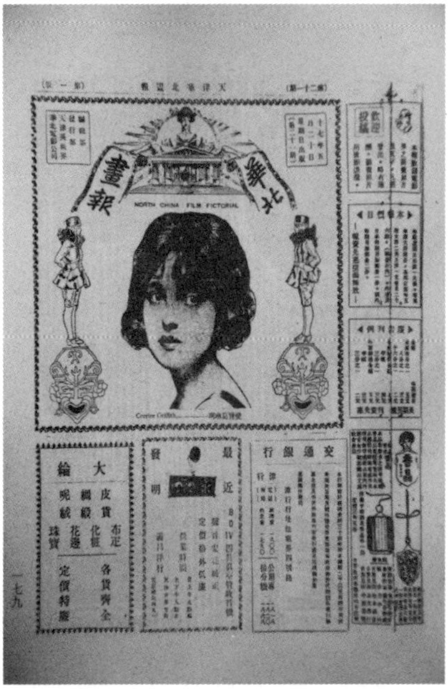

图3–14《天津华北画报》封面。

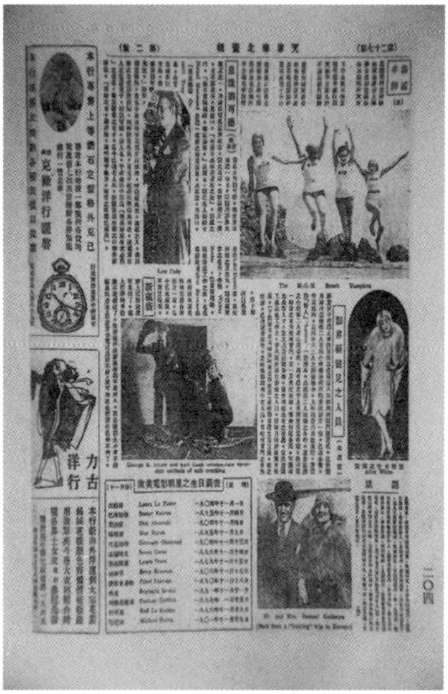

图3–15《天津华北画报》内页。

不详。第 7 期封面为外国人像，四周为广告，第 2–3 版为外国电影明星照片，第 4 版为电影院广告。以后各期的版面与内容大致相同，此画报实为电影海报。

《霞光画报》

1928 年 10 月 15 日创刊，北平绒线胡同 179 号霞光社印行，10 开，方本。此刊为《北平晚报》的副刊，每逢星期六出版，萨空了、谭旦任编辑。至 1929 年 3 月 30 日出至第 42 期。除正刊外，还不定期出增刊，并一再重印。

此刊所刊照片的拍摄者，初期为该报记者和北京的“同生”、“真光”和天津的“鼎章”等几家著名的照相馆。稍后为孙连甲、魏守忠、李尧生、老诚、朱家麟、蒋汉澄等。而以魏守忠拍摄的新闻照片为多，其刊出照片和绘画有十几幅乃至二十多幅。时事照片刊出最多，中外电影明星、舞星的照片也常刊，以中国的为多。每期刊头大多刊名门闺秀、影剧界名流照片。此画报有大画报风范。

《中央画报》

1928年6月28日创刊，上海中央日报社编印，周刊，4开4版，随日报附送。用报纸印。至1928年9月10日出至第15期。此刊的征稿启事说："本刊为整理中国古代艺术起见，现拟征求关于中国艺术各种照片，不论绘画、建筑、器皿等，全体或部分，一律欢迎。"此刊主要刊载中外绘画，中国及西方古建筑图。西湖艺术院的活动也做介绍。时事及风光照片每期刊五六幅。

《中央画报》

1928年8月5日创刊，南京国民党中央宣传部编辑发行，在上海印刷，4开，至1931年出至第23期。主要内容为反映孙中山领导的革命历史，图文并茂，现存1929年8月至1931年2月各期。创刊号封面刊孙中山照片，还有"革命的血痕""气象一新北平""上海国货运动"等栏目，刊照片20多幅。美术摄影作品5幅，分别为郎静山、胡伯翔、蔡仁抱拍摄。1928年9月1日出有"五三惨案"专号，9月5日出至第3期。

《民言画报》

1929年10月创刊于北平，民言日报社编，1930年9月出

图3-16《民言画报》封面。

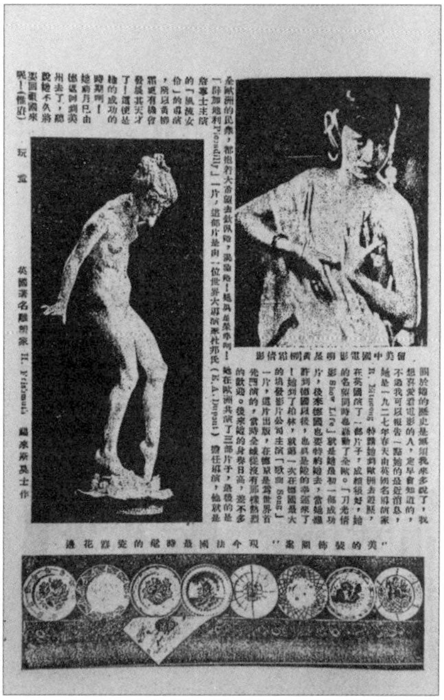

图3-17《民言画报》内页。

版至第48期后停刊。《民言日报》每周出版7种周刊，星期一戏剧，星期二国际，星期三漫画，星期四文艺，星期五电影，星期六社会，星期日家庭。《民言画报》为周三画报，内容有明星剧照、国画作品、社会漫画、女学生玉照、美术摄影、人体摄影等。均配有文字介绍。摄影者有魏守忠、徐苹萍、唐振绪。

《银幕舞台画报》

创刊时间不详，周刊。刘先礼编，现存1929年2月第1期至1929年6月第16期。该刊为影剧画报，内容以反映中外电影明星演技和个人生活的新闻为主，照片甚多。偶有京剧名伶

图3–18《银幕舞台画报》封面。

图3–19《银幕舞台画报》内页。

剧照，间或刊登一些影剧评论、剧情介绍和电影艺术知识等。停刊时间不详。

《中央画刊》

1929 年 8 月创刊，每周出 1 号。在南京编印，每期 8 页。4 月为第 9 期（出版第 36–39 号，其中第 36 号刊蒋、阎、冯混战照片甚多）。5 月为第 10 期（出版第 40–43 号，其中第 40 号刊童军总检阅及露营专号）。8 月为第 13 期（出版第 53–57 号）。1931 年 2 月为第 19 期（出版第 79–82 号）。刊行各期，还有国内外时事照片、体育动态、美术摄影、时事漫画及宣传画，几乎占版面的 1/4。照片拍摄者多署名。

《中央图画月刊》

1929年3月创刊，第1–2期合刊。南京中央图画月刊编辑室编，在南京出版。

《玲珑画报》

1929年9月创刊于天津，每周五出版2张，4版。1929年12月13日出至第25期，第1版中心位置刊坤伶小影，四周刊广告；第2版刊前门大街全景照片3幅、字画4幅；第3版刊歌星、剧照、绘画共6幅；第4版刊小说及杂谈。1930年4月4日出至第41期，内容与前期雷同。以上两期均未刊新闻照片。1931年，上海也出了一种名为《玲珑》的图画杂志周刊。

《沈水画报》

1929年创刊，周刊。是《东三省民报》的副刊，4开，4页。1930年1月19日出至第25期，1931年9月6日出至第103期。经常刊登新闻照片（多为张学良的活动）、风光名胜、美术摄影、绘画（如著名画家吴昌硕、陈半丁等的画作）以及京剧界名人的活动等。还刊有杨令佛写的小说连载。初期无广告，第67期(1930年12月7日出版）之后广告日增，文字评论渐多，绘画及新闻照片相应减少。第89期(1931年5月21日出版）介绍“全国唯一照相通讯机关——东北新闻影片社”，说该社“承摄印各种电影片，出租东北时事影片，供给东北新闻照片”。这个时期，全国各地报刊，的确刊用过该社提供的不少新闻照片。

1931年“九一八”事变后日本侵占东北，该刊一度停刊。1934年日本侵略者扶持溥仪登台，伪号“康德”，这一年3月

16日出版第109期，发行人为魏长信，编辑为日本人藤紫诰。说明此刊已为日本与伪满所控制，这一年10月1日出至第121期。第二年2月1日出至第129期，8月16日出至第142期，10月1日的刊号为第4452期，从此编次已乱套。第四年2月1日刊号为第4918期；在此三四年间，常刊溥仪的生活、日本风光，和伪“满洲国”的建设等方面的照片及文字。关内的京剧表演家、名画家、电影演员的介绍文字及照片也常有刊载。在第109期中说：“本报复刊伊始，每月暂出两期，不日即可恢复四期，准于每月1月16日随报附送，凡订阅此报者，一概赠送，不另收费，特刊增刊无定。”将近4年之后仍为每月2期，根本未达到“不日恢复出四期”的目标。

《生命与健康画报》

创刊时间不详，1929年出至第9期，旬刊，1930年仍在刊行。该刊为艺术性刊物，每期出一大张，在天津出版。

《幽兰旬刊》

1929年刊行。

《柯达画报》

上海柯达公司编印，1929年出至第2期，共出7期即停刊。图文并茂，以宣传柯达公司照相器材为目的。

《大晶画报》

1929年3月21日创刊于上海，三日刊，4开。同年3月24

日出版第2期。

《农业画报》

江苏省农业厅推广委员会编，1929年6月出至第7期，9月出至第18期。

《新民画报》（其一）

1929年3月31日创刊，沈阳《新民晚报》副刊，乙之主编，12开4面，每逢周日出版，至1931年9月17日出至第123期，次日日寇侵占东北后停刊。

《东北航空画报》

东北航空画报社编印，1929年仍在刊行。

《春明画报》

约1929年创刊，成报社编，春明报社出版，周刊，刊行至1930年，出版了21期。

《银镫画报》

1929年3月2日创刊于天津，天津欧亚美社银镫画报部编，周日出版。影魔写的《创刊间话》说：

> 影魔的才力薄弱，经验缺乏，幸有友人吴伟生等君帮忙，始使之《银镫》产生与诸君相见，但我们极愿意把本报的主权交与爱护本报诸君，所以本报任何方面有使诸君不满意的地方，随时可以指导，同仁是二十四分欢迎。

创刊号头刊为外国电影明星照片，第2、3版则刊出中外电影照片12幅之多，4版则为广告。而此刊则偏重电影，故可称电影广告画报。

图3-20《文华》封面。

《文华》

1929年8月创刊，绘画编辑梁鼎铭、梁雪清，文艺编辑赵苕狂，摄影编辑黄梅生。上海好友艺术社出版，上海文华美术图书公司印刷发行，8开，每期50页。至1935年4月出至第54期，在第54期中宣称自本期起革新，继续出版。月刊，间有脱期。该刊又称：

要之本社以实事求是为原则，本宣扬艺术之宗旨，务使本报大众化、普遍化、崇尚化。尚希各界同好予以有力之赞助，本社同人有厚望焉。

此刊原拟名“好友”，于出版前数日知已有一印刷公司名为“好友”，故不能再用此二字为名，而改用“文华”。

创刊号封面为美女画，第一页刊孙中山像及遗嘱，次页为该期的目录，并刊出3名编者的头像。刊有美术摄影及现代绘画共15幅，皆出自当时名家之手。

此外，还有下列栏目：

济南换防：日本侵略军于1928年5月3日在济南制造“五三惨案”，盘踞济南一年之后撤出，此即撤出时的照片9幅。

海外珍闻：刊出新加坡海岸及博物馆照片3幅。

国内珍闻：刊时事照片7幅。

马六甲筹赈游艺会：刊出照片4幅。

华侨消息：刊出照片为胡汉民招待华侨代表后的合影、马六甲侨胞悼念北伐阵亡将士、华侨巨商之子的婚礼，共3幅。

小剧场：介绍“革命艺术家梁又铭”，刊出此人之肖像与传略，此人北伐时任职黄埔军校，随兄梁鼎铭担任画报编辑及总政治部艺术宣传委员（郭沫若时任总政治部副主任）、党部农民画报编辑等职，并为《图画京报》作讽刺画。

体育消息：刊出4名大学学生运动员合影照片5幅。

艺术界：刊出现代绘画8幅，其中1幅为外国名画。

女子的作品：刊出女画家作品6幅。

小朋友（儿童照5幅）、旁观的心理（介绍张光宇夫妇）、妇女（刊女画家、交际花5人的照片）等3个栏目，各占一版或两版。

航空（沪蓉通航）、海军两个栏目，共刊6幅照片。

西贡游记：刊出照片4幅，并刊文字游记。

小舞台：刊讽刺画6幅。

本社社员之一部分：刊出好友社社员23人的照片，其中包括戈公振、陆小曼的照片，另有图画。

电影界：中外女演员照片3幅，并有文字介绍。

第44–50页刊文艺作品及后记，刊行征求社员的文章，说：

> 本社之目的，在联合全国文艺家、美术家、摄影家为一战线，而齐向艺术之途进展。欢迎同志入社。兹将简章列下，幸垂察焉：一、凡绘西洋画、国粹画、摄影、文艺、小说等具有一技一长，及能够表达名人作品者，即得为本社社员……

另外还“征求外埠特约编辑员”，目的是搜集海外名作及精品。

特约撰稿人屠哲隐，还在此刊登征求劳工照片的启事：

> 鄙人现征求关于国内外工业及农业之劳工照片，来件请于每张背后注明何地何种照片，寄南京×××屠哲隐收。仅以鄙人之风光艺术作品，相当名酬，即资交换，复谢厚谊，此启。

屠哲隐为当时有名的摄影家，《文华》曾为他出过作品集，他为《文华》提供不少照片。

从创刊号所刊国内政治、经济、军事、文化、教育、妇幼等封面的图文来看，这一画报办得有声有色。以后每期内容，各有侧重。日寇侵占东北、进攻上海、进犯热河，此刊都大量刊载照片，并出版专集，揭露日军之罪行。其中有些照片是该报特派摄影记者拍摄的。

图3-21《中国学生》第1期封面。

《影报》

1929年7月13日创刊，上海职业编译广告公司出版，4开4版。9月21日出至第21期。介绍外国电影及上海各电影院的放映广告，逢星期六出版。还有一种《影报画刊》亦为上海职业编译广告公司出版，只是刊期不同，1929年8月25日出至第13期（英文标注为10月6日出版），其版式与内容都与《影报》相同。

《中国学生》

1929年1月创刊，明跃五、赵家壁编，8开，每月20日出版。上海良友图书公司发行，至1930年已出版第12期。

《时代画报》

1929年10月10日创刊，此刊为张光宇、邵洵美、叶浅予合组的时代图书公司的时代画报杂志社出版，中国上海美术刊行社总发行。创刊后刊名、刊期、编辑人员、页数都有变动。其中，编者最初为张光宇、叶灵凤，第2期就增加张振宇、叶浅予，之后常有增减，多至7人，少则2人，出至第8卷，编辑只剩张大任一人。出至第4期与《上海漫画》合刊，简称《时代》，并由月刊改为半月刊，每期由46页减至30页。第2卷第7期改名《时代》，图画半月刊，此名沿用至于1937年终刊。

时代图书公司原为张光宇、邵洵美、叶浅予等合组，之后因国内经济衰落，上海出版业大受打击，邵洵美因营业不振，就与时代公司脱离关系，嗣后叶浅予北游，最后撤股。时代公司出版亏累甚巨，无法维持，张仲梅不得已，请邵洵美复出，邵则主张挽留叶浅予。也就是说，因经济衰落，营业不振，亏损甚巨，出现了邵脱离、叶北游的情况，使得时代公司的正常编辑与继续出版都难以维持。但该公司还是苦心经营，支撑了近8

图3–22《时代画报》第1期封面。

图3–23 1933年1月1日《时代画报》第3卷第9期内页。

年。1936年，梁得所接编后，重整旗鼓，《时代画报》又以新的面目出现，成了一个很受社会重视和读者欢迎的画报，但仅出了6期，就因抗日战争爆发停刊了。这也是《时代画报》半月刊的一段艰难历程。

此刊在发刊词《时代的使命》一文中写道："宇宙的世轮，循着他铁一样的定律，一刻不停地转变，昨日骄视一切的花儿，今天已被人篡夺了王位……为了弥补这莫大的缺陷，我们才创设了这《时代画报》……"

在"寄给读者的话"中说："本报虽然特约不少摄影家和文艺家，供给着最新颖的材料，但是一方面也很欢迎读者们来帮助着。"又说："本报注重的图画稿，是含有艺术性与疗养性的照片，及一切富于意趣的绘画。"

为此刊提供时事及新闻照片的有通讯社、新闻摄影社、电影场等十余家，个人提供的有王小亭、沈逸千、伍千里、郑用之、倪焕章、黄仲长、金石声等。戈公振则寄回很多国际上的照片，特别是介绍苏联的照片。叶浅予的滑稽画《王先生》，从第1卷第4期起连载，每期刊一组，每组八九幅画，至1935年4月，已刊出77组。

《华北画刊》

1929年1月创刊，华北日报社编印，周刊，至1930年3月出版至第60期，1931年10月出至第104期。曾出版"上海新闻界视察西北灾情写真专刊"，刊有照片7幅。

《新京画报》

1929年12月1日创刊，4开4版，随报附送。此刊的绘画者、

華北畫刊

第四十八期　　第二版

上海新聞界視察西北災情寫真專刊

本期二三版關於西北災情各片為滬報界西北災情視察團團員馬荛莽君手攝

河南靈寶等縣田禾莠而不實

河南靈寶縣南關外飢民已斃及垂斃之弟兄

開封救濟院收容之災民

西北災情視察團攝於華州郭汾陽王祠牌樓前

西北災情視察團之經過（記者）

國家不幸，禍患相尋，今歲陝西，甘肅，河南，河北，山西，綏遠，察哈爾等省，所發生之水旱蝗雹天災，尤為人類歷史上，一大慘劇。其災區之廣，展至四千餘里，災民之衆，達三千餘萬，災情之重大，為世界各國所罕聞，亦我國數百年來所僅見。上海報界為欲明瞭此次災區真相起見，特發起西北災情視察團，前往災區實地視察，將所得真相，列之報端，以喚起全國同胞之注意；而謀共同設法救濟之策。先是上海民國日報，申報，新聞報，時報，時事新報，等五家，共同發起，在日

開封第二救濟院收容之孤兒

開封救濟院內收容之殘老飢民

河南澠池縣民衆團體在中山俱樂部歡迎西北災情視察團

图3–24《华北画刊》第48期“上海新闻界视察西北灾情写真专刊”，此为1928年冬出版。

摄影者几乎全为《图画京报》的人马。“发刊词”说：

本报今天发刊了，在编者很愿意做这个做饭的人，竭尽我们的智能，运用我们的笔尖，把社会一切的一切描写出来，与阅者共同把污浊的社会大大的洗涤一下，由昏暗推移到光明路上去！不过我们深深的盼望阅者时加以指导和协助！

创刊号仅刊南京夏利生照相馆摄赠的“首都公开运动会”照片 3 幅。第 4 版刊外国电影照片 2 幅，还刊菊花照片 5 幅。

《安琪儿图画周刊》

1929 年创刊，北平安琪儿社编印，至 1930 年出版第 44 期。自第 41 期起改为月刊。战后 1946 年 10 月复刊，至 1947 年出版至第 18 期。在武汉出有《安琪儿》画报一种。

《学报》

1929 年 1 月 27 日出版第 3 期，在上海出版。

《环球》

上海环球学生会编印，1929 年 5 月刊有一期。

《皇后画报》

1929 年 5 月 18 日创刊，上海建国印务公司代印，8 开。刊载风光名胜、名媛仕女、戏剧界人物，还有广告。

《华芳》

1929 年出版第 3 期，周刊，鼓吹反对旧礼教。

《新闻画报》（其二）

1929 年 3 月出版第 4 期，在上海出版，8 开。

《宇宙画报》（其一）

1929 年 12 月 7 日创刊于上海，8 开。

第二节 1930-1933年画报画刊出版

这4年间，全国出版的画刊有名可查的超过200种，可以查到原刊或有确定出版信息的大约有120种。画刊刊登的照片质量越来越精美，不过苏区的画刊出版质量较差，这是由于国民党对苏区进行封锁，造成苏区的物资极为匮乏，更不要说各种印刷材料了。而印刷画报的材料要求较高，但就是在这种极其艰难困苦的条件下，苏区还是坚持出版画刊，以此鼓舞革命斗志。

《实话》

1930年10月30日创刊，中共中央机关刊物，红旗日报社编辑，周刊。1931年5月停刊，共出版13期。其主要内容是报道党内政治路线方针，发布有关文件及社论。该刊刊有少量新闻图片。

《环球画报》（其二）

叶劲风编，周刊，上海中国照相制版印刷公司印行。1930年2月出至第5期，同年出至第23期。

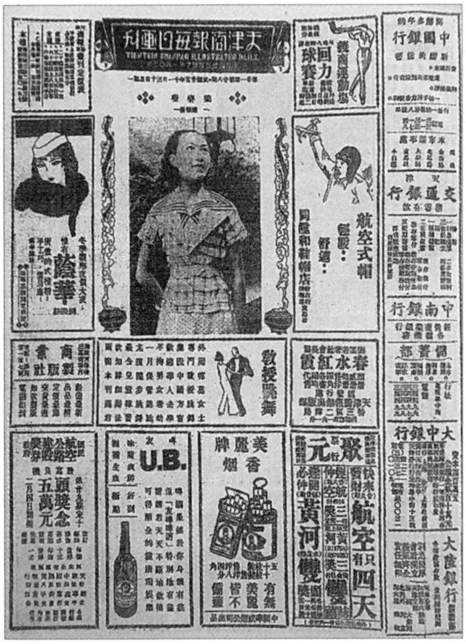

图3-25《天津商报图画周刊》封面。

图3-26《天津商报图画周刊》内页。

《天津商报图画周刊》

1930 年 7 月创刊于天津，周刊。曾改名“天津商报图画半周刊”“天津商报画刊”“天津商报每日画刊”。天津商报社刊行。现存 1930 年 7 月第 1 卷第 1 期至 1937 年 7 月第 24 卷第 39 期。综合性画刊。其主旨是要规规矩矩为读者办一份画报，不给某一个人做宣传，不替哪一方张目，不对某一件事吹捧、谩骂。主要内容有时事政治、社会新闻、小说连载，美术摄影作品、名伶明星剧照、生活照等。1937 年 7 月停刊，出版至第 23 卷 39 期（每卷 50 期）。

《非非画报》

创办于香港，1930 年 7 月停刊，8 开。内容有国画、小说、

图3-27 《非非画报》封面。

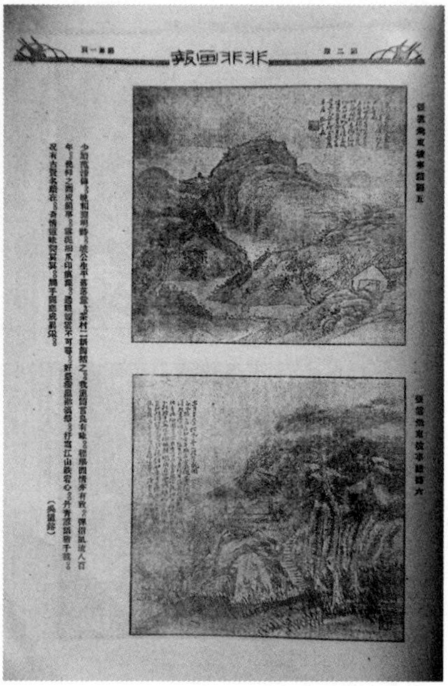

图3-28 《非非画报》内页。

艺术摄影，画派评说、日本新绘画介绍、摄影艺术研究、岭南画派、香港体育、舞蹈欣赏等。社长为杜其章，总编辑为黎耦斋，撰述部有劳伟孟等 16 人，美术部有高剑父、高奇峰、冯润芝、潘达徽等 22 人。这些人中有的已有二三十年办画报的经历。第 4 期刊古今名画孔庙、孔林、孙中山与宋庆龄 1925 年结婚的照片。还刊有桂林、庐山风光照片及名贤画像。

《图画周刊》

1930 年 5 月创刊于上海，戈公振编，上海申报馆出版。

1930 年，戈公振先生写了一份建议书，他写道：

近世各国大报，未有不重视图画者，英国报纸每日有图画一大页。美国报纸每星期日有印刷甚精之图画增刊，日本且从电报或飞机传递照片，本报为中国唯一大报，似不能只付缺如。图画为新闻之真实者，不待思考研究，能直接印入脑筋，而引起其爱美之感，且无老幼，无中外，均能一目了然，无文字深浅，程度高下之障碍。故本报欲使销路增加不为功——本报尚有图画增刊，不仅增加声价，推广销路而已，且将为国家光荣有进一步之努力焉。

据记载，此刊1932年1月31日出版至第87期，戈公振先生还建议创办并主编过《申报星期画报》，邹韬奋先生议论说："目前我国各画报中星期画刊最为精彩的要推《申报》的星期画报，而《申报》的星期画报是戈公振先生主编的"。

《常报》

辽宁常报社编印，周刊，1930年12月出版第7期，1931年10月出版第8期。

《辽宁新报星期画刊》

随《新报》附送，在沈阳出版，1930年仍在刊行。

《中华》

也称《中华图画杂志》，1930年7月创刊，上海中华杂志社出版，新中华图书公司发行，8开，至1936年11月，出版了48期。1937年7月已出版56期，1941年8月出至第104期。曾出号外第1-20期（1937年9月19日至11月19日）。周瘦娟、严独鹤主编文字，胡伯翔、郎静山主编美术，朱寿仁、王大佛、朱宽、郭锡祺、胡伯洲为助编，都为摄影名家或编辑画报的高手。从第4期起，总编辑为胡伯洲，助理编辑为周志静、许和。登载中外时事新闻、科学发明、名人近影、博物美术、各地名胜、

图3-29《中华》杂志创刊号封面。

图3-30《中华》第27期封面。

图3-31《中华》内页。

妇女儿童、电影戏剧、社会生活、漫画小品等丰富多彩的内容。与《良友》画报一样，是代表20世纪30年代都市风采的画报，只是其刊行时间较短，影响力不如《良友》。但在格调品位上远在当时刊行的其他画报之上。

创刊号上，严独鹤写有开场白，他写道：

为什么今天的新闻纸上，关于重要的新闻，不能不同时将照片刊出，为什么做宣传工作的人，各种标语而外，不能不多多的张贴图画，为什么一般阅读者，对于图画刊物（持）欢迎的态度，有事还在文之上。这更是事实告诉我的。图画的效用，十分真切，也十分伟大。同人所以创刊《中华图画杂志》。也是认定图画有真切和伟大的效用。想将文艺界的“真”、“善”、“美”三点，借图画之力尽量贡献于阅者。

《电影画报》（其一）

1930年12月创刊于上海，1931年1月1日出版第3期新年号，4 开 4 版。此刊又名《电影三日刊》，介绍中外电影及上海各影院的上映广告。1931 年 2 月 7 日出至第 10 期。

《艺友艺术》

1930 年 4 月创刊，上海艺友社编，半月刊，1930 年 7 月出至第 6 期，上海文化美术图书印刷公司出版发行。

《璨烂画报》

在青岛出版，周刊，1930 年冬仍在刊行。

《金刚画报》

1930 年 1 月创刊，峪云山人编辑。五日刊。现存 1930 年第 1 期至第 14 期。娱乐性刊物。主要报道文艺界消息和娱乐圈明星动态，其中对京沪京剧界坤伶轶事、行踪的报道尤多。并附有大量名伶剧照、艺人照片、风景照片、艺人小篆及漫画作品。还刊登艺术研讨论文和杂文、随笔等。停刊后于 1939 年复刊，6 月至 9 月出版第 15–24 期。复刊后只刊剧照、名角、名票、风光、小说及广告。

《白鹅画报》

1930 年刊行。

《现代画报》（其一）

1930 年刊行。半月刊。

《民众画报》（其二）

江苏省立民众教育馆艺术部民众画报社编印，半月刊，1930年出版第1、2期。

《金石画报》

在浙江出版，约在1930年刊行。其他出版信息不详。

《太平洋画报》（其二）

约在1930年刊行。其他出版信息不详。

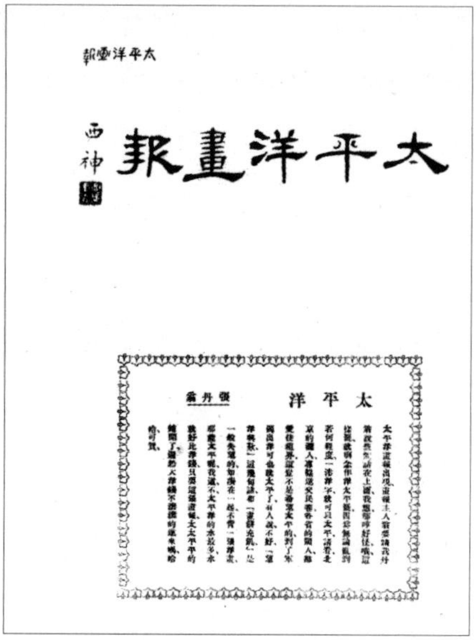

图3-32《太平洋画报》封面。

《青心画报》

1930年7月创刊，上海青心画报社编印，三日刊，至1932年11月出版第100期。

《时事新报图画增刊》

1930年10月创刊，上海时事新报社编印，三日刊。至1931年10月至出版第41期。

《时事新画》（其一）

时事新画编辑部编，8开4面，全刊照片，三日刊。现存第20期（1930年12月17日出版）、第22期（1930年12月24

日出版）两期，与《时事新报图画增刊》出版时间相同，是同时出两刊还是一刊两名，尚须查证。

《妇女》

妇女杂志社发行，1930 年 2 月出至第 16 卷 2 期，创刊时间不详，若一年出两卷，创刊时间应当在 1922 年。第 16 卷第 2 期刊摄影作品、花卉、自然之境、德国体育、越南女子、马来半岛妇女、中国名媛、妇女职业生活、中国女子体育、儿童等。

《新闻报图画附刊》

1930 年 5 月 4 日创刊，此刊为周刊，上海新闻报馆编印，至 1931 年 6 月 7 日出版至第 54 期，4 开 4 版，自第 55 期起改为对开，1 张 2 版，仍为周刊，1932 年 1 月 13 日出至第 82 期。1930 年第 10 期刊出第 7 届全国摄影比赛获奖作品。

《时事新报（1930 年元旦增刊）》

上海时事新报馆编印，8 开。内容包括大事记、短篇小说和艺术照片，刊选吴中行摄影作品 31 幅。

《时事新报（1930 年国庆图画增刊）》

上海时事新报馆编印，8 开。内容为辛亥革命之回顾的照片 13 幅，国际要闻 7 幅，美术 9 幅（有吴昌硕、张大千作品），家庭照 11 幅（有何香凝、蔡元培等人的家庭照），体育照片 20 幅，其他为电影明星、闺秀照片。都是名家供稿。

《上海工人纠察队 1930 年第一次大检阅特刊》

1930 年 4 月 26 日创刊，上海工会联合会编印。曾刊上海总工会代表讲话和游行示威照片 12 幅和第三次暴动的照片。

《闽西画报》

1930 年创刊，闽西画报社出版，石印。该画报每期内容先由闽西苏维埃政府宣传部拟出提纲，再画成画稿。

《永定画报》

1930 年秋前后创刊，石印，8 开。福建省永定县苏维埃政府文化建设委员会出版，为县级刊物。

《江苏画报》

中国国民党江苏省党务整理委员会宣传部编，大 8 开。是一份为蒋介石宣传的画报，当时重点是反阎锡山、冯玉祥，偶有反共色彩。

1930 年 3 月 30 日出版的第 2 期刊有江苏省纪念孙总理逝世 5 周年的照片 9 幅，江苏造林运动照片 2 幅，讽刺日俄抢夺中国、阎锡山反蒋的政治画及讽刺组画与西洋美术图片 9 幅，七十二烈士诗 1 首。1930 年 4 月 10 日第 3 期为“讨阎专号”，头版封面刊“阎锡山之末路”12 开大图片 1 幅，之下为“知法犯法”的图片，第 2–3 版刊有反冯玉祥、阎锡山的照片 12 幅，七十二烈士殉国 19 周年纪念大会照片 1 幅，第 4 版为《江苏省党部宣传部扩大武装讨逆宣传经过》一文。1930 年 4 月 20 日第 4 期头版刊涛天作“英俄窥视西藏”图 1 幅，之下刊有“阎锡山的独角戏”

讽刺画4幅，第2-3版刊有反阎锡山的绘画6幅，还刊有尼泊尔增兵的国际政治漫画等，第4版有刊七十二烈士纪念大会照片4幅。1930年6月11日第9期头版刊有讽刺阎锡山的漫画1幅，之下刊丰县中山村之一角的照片1幅，中山村农场照片1幅，第2-3版刊有巡回宣传二队在徐州附近铜矿进行宣传活动的照片14幅，第4版刊有第二队活动的照片6幅。

1930年11月22日第22期为反问冯玉祥的内容。1930年12月1日第23期头版刊有“日本侵占龙井村”的画1幅，之下刊有淮阳、无锡纪念孙总理诞辰画4幅，第2-4版刊有认字运动大会照片2幅。

1930年12月15日第24期头版刊有反共画1幅，之下刊有西洋画3幅，第4版刊有图5幅，其中有镇江南郊之米芾墓照片1幅，其余为风光照片。

《北晨画报》

1931年1月20日创刊，北平晨报社编印，4开4版，至1931年5月3日已出至第1卷第16期，至11月9日出至第2卷第44期。第1版多刊书、画及评文，第2、3版主要刊载国内国际时事，间亦刊书、画，第4版介绍外国电影，也介绍国产新片及戏剧。

“九一八”事变后，9月28日刊出北平反日大游行照片4幅，10月5日又刊载北平市示威游行照片3幅，一幅为同生照相馆拍摄，一幅为戈公振所赠，一幅为“曦”拍摄。10月12日刊出日寇暴行照片5幅。以后各期陆续刊出日寇侵占东北的照片，张学良在“九一八”事变前后的活动也多次报道。此刊1934年后更名为《北晨画刊》。

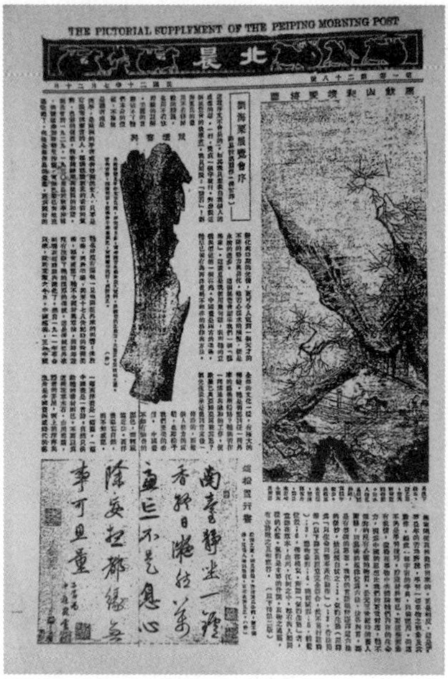
THE PICTORIAL SUPPLEMENT OF THE PEIPING MORNING POST

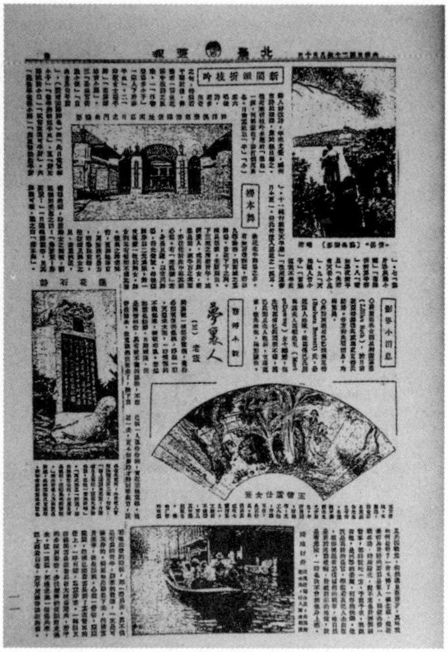

图3–33《北晨画报》封面。

图3–34《北晨画报》内页。

《中华画报》

1931年3月13日创刊于天津，中华画报社刊行。8开4版，道林纸印刷。第1–8期为周刊，逢周五出版；第9–25期为双日刊，逢周二、周五出版；第26–350期为三日刊，逢周一、周三、周五出版。现存1931年3月第1卷第1期至1933年9月第3卷第346期。为文化艺术画刊，以表现时代精神、介绍艺术结晶、揭露社会内幕、暗示人生片段为宗旨，主要刊载艺术品介绍、文史知识，书画作品、摄影作品、明星伶人照片，小说连载等内容。1932年1月22日之前为独立画报，此后则附属《中华新闻画报》，合并发行。

谏果、梦人写的《向读者致词》（即发刊词）中说：“我们的使命是：（一）表现时代精神，（二）介绍艺术结晶，（三）

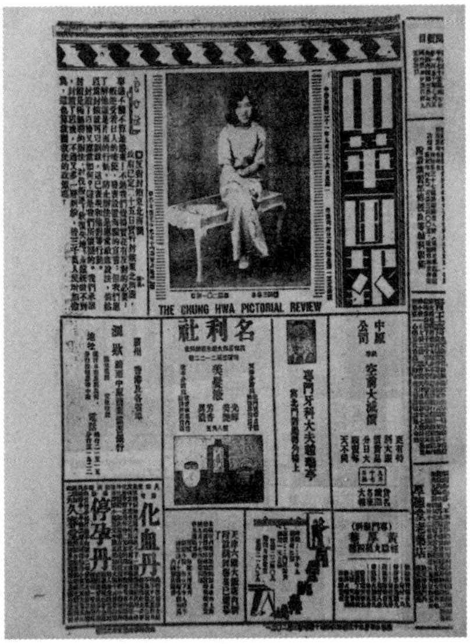
中華畫報
THE CHUNG HWA PICTORIAL REVIEW
名利社
化血丹
停孕丹

图3-35《中华画报》封面。

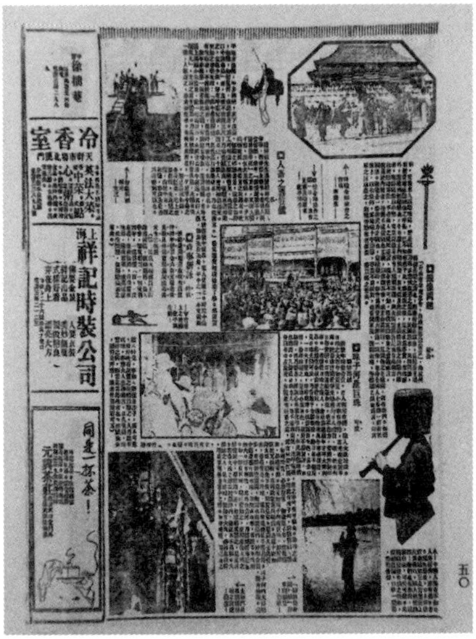
冷香室
祥記時裝公司

图3-36《中华画报》内页。

暴露社会内幕，（四）暗示人生片段。”然后它公开征求的则是名媛近影、时事照片、古今书画、讽时漫画、历史照片、学校写真、男女名伶造像等方面的照片和绘画作品，刊行的350期，所刊内容都不出此范围，只是在后期刊出的电影介绍较多，没有反映时代精神，也没有揭露社会黑幕。

《公安画报》

1930年4月创刊，周刊，每周一出版，天津市公安局刊行，8开4版，道林纸印刷。现存1930年4月创刊号至1932年10月第4卷第8期。宣传性画报，主要内容为以图片形式反映该局治安工作，报道警员训练、执行勤务、业余活动，间或刊登天津和各地风光名胜摄影作品。1934年4月至11月共出版了24期，之后又出过复刊。

图3-37《公安画报》封面。

图3-38《公安画报》内页。

《女学生杂志》

1931年10月1日创刊，包天笑主编，陈骨德、包可华、袁牧之编辑。月刊，上海文华美术图书印刷公司发行。该刊宣称“用最艺术的绘画摄影文字图版印刷全力经营”。文字部分为女学生各种问题，每期约9万余字。图画每期刊摄影与画作甚多，特约国内第一流美术家、摄影家按期供给，图画为彩色套印。

《玲珑》

1931年创刊于上海，图画杂志，周刊。周世勋负责编辑娱乐部分，陈玲珑负责编辑妇女部分，林泽民负责编辑摄影部分。该刊宗旨：“增进妇女优美生活，提倡社会高尚娱乐。”实际多刊男女艳遇奇闻及低级趣味的内容。1937年出至第7卷第31期。开本只有手掌大。

《庸报画报》

1931 年在天津出版。后改名为《大公报》。

《夸父画报》

1931 年创刊，韩小梅、丁楚孙编，杭州夸父画报社出版。至 1933 年已出版至第 11 期，每期 16 页。第 11 期出版后宣布停刊，但 20 天后又出第 12 期（1933 年 2 月 15 日出版）。主要刊载社会风俗、古装美人、剧照、讽刺画、武侠小说。也刊政治新闻照片，如宋教仁遇刺、袁世凯称帝等，此外还刊社会奇闻。

《东方画报》（其二）

1931 年 1 月出版第 2 期，在天津出版。半月刊。

图3-39 1932年2月《东方画报》第34期刊出小方、石万里拍摄的《绥远抗战特》《火线下抗击日寇照片》等。

《通俗教育画报》

1931 年 2 月创刊，天津河北省教育厅教育画研究会编印（天津当时是河北省省会——编者注）。半月刊。

《河北博物院画刊》（半月刊）

天津河北博物院编印，1931 年 9 月创刊，半月刊，至 1937 年 7 月已出版 140 期。第 48 期改名为《河北第一博物院半月刊》，第 49–79 期又改名《河北第一博物院画报》。

《新民画报》（其二）

新民画报社编辑部编，张家口新民画报社出版，8 开 4 版。1931 年 11 月 16 日出版第 26 期。此刊征稿启事说：

> 本报为提高阅者兴趣起见，特搜集先哲时贤诸杰作，如山水人物羽毛花卉、雕刻古物等逐期影印，籍供同好，兹尚征求最近名人肖像以及名媛闺秀山水风景等片，如蒙摄影见赠，无比欢迎……

这则启事，可视为这家画报的宗旨。第 26 期刊头中的是坤伶小影，此页刊风光、绘画、体育、著名影星照片各 1 幅。还刊有程砚秋在 1911 年 9 月为该刊题的词。第 3 页为戏剧专号，刊出谭鑫培、程砚秋、杨小楼、荀慧生的剧照各 1 幅，还刊有孟小冬半身像 1 幅，都附有文字评介。第 4 页刊载长篇小说《寡妇的心》及广告。本期没有刊载政治及时事新闻照片。

《摩登》

1931 年 7 月创刊，广东摩登画报社出版，周刊。至 1933 年 2 月出版至第 60 期。

《小学生画报》

倪锡英编，上海北新书局出版，1934 出版第 4 卷，次年出版第 5 卷，按每年出版 1 卷推算，创刊期应是 1931 年。

《图画月刊》（其一）

1931 年创刊，上海中华书局编印，至 1932 年间出版至第 13 期。

《湘珂画报》

创刊时间不详，周刊，在长沙出版，湖南湘珂画报社编辑。主要内容是反映湖南长沙的风情风貌的纪实文章、图片、照片，现存 1931 年 7 月至 1932 年 9 月的 52 期。停刊时间不详。

《儿童乐园》

1931 年 1 月创刊，月刊，协荣印书馆出版。目的是要成为儿童的优美读物和良伴，刊载的内容丰富，通俗易懂，内容包括童谣、童话、作文、绘画、漫画、译文、科学常识、算学常识、魔术、工艺等对儿童生活有益的图文。停刊时间不详。

《青春旬报》

1931 年 9 月 1 日创刊，天津南开中学呼啸社编，天津协成印刷局承印。从第 12 期开始改称《青春画报》，4 开 4 版。

创刊初期，每期刊出照片仅十余张，其余为文字评论及小说。以后每期刊出照片逐渐增多，有时一期刊出照片达数十张之多。

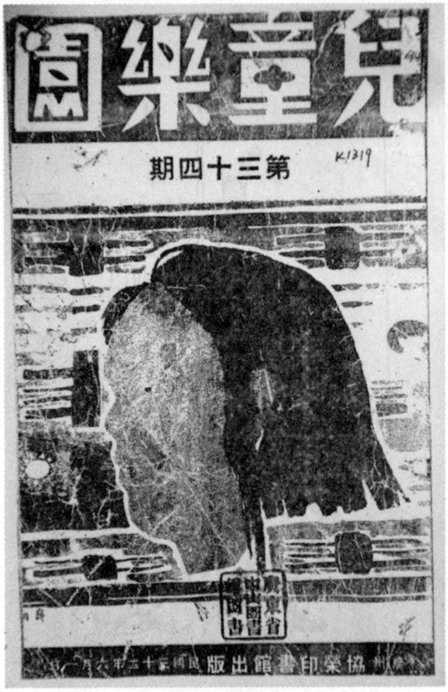

图3-40《儿童乐园》封面。

图3-41《儿童乐园》内页。

报头多刊学习成绩优异的女学生和仕女像，但主要刊载学习活动、体育运动、政治新闻、外国电影明星方面的照片，还刊载摄影艺术名作。该报有自己的摄影记者，还有北平的“同生”“好莱坞”照相馆以及上海的照相馆提供照片。个人拍摄的照片，大都署名。1931 年“九一八”事变爆发时，本刊正好出版第 3 期，曾用红字刊出“国难当头，同胞猛省”等抗日标语。1932 年“一二八”事变后日本侵略者进攻上海，刊出“沪战专刊”3 次，先后刊出日军暴行，中国军民奋起反抗的照片数十幅。

该刊大力呼吁读者提供稿子，编者几乎每期都征求稿件，由于编排欠妥、印刷不佳，希望读者提意见。由于持此态度，画报办得一期比一期好，销路也增多。

《日本侵占东北真相画刊》

1931年7月上海良友图书公司编印，12开，同时面向中外发行。此为揭露日寇侵占东北罪行的画刊，刊登各地抗日救亡运动的照片，文字部分为痛斥日寇及其罪行的实录。

《黑龙江战事画刊》

1931年12月15日上海良友图书公司编印出版，8开。

日寇在未遇抵抗的情况下，侵占了辽、吉二省，但在黑龙江却遭到马占山将军的抵抗。此刊刊载了马占山的照片3幅，并称之为民族英雄。之后刊出日寇暴行照片53幅，日本在天津制造事端照片12幅。

《汕头画报》

1932年8月创刊，五日刊，汕头画报社编，同年11月停刊，内容有书画作品、历史名人字画、社会百态照片、记事文章等。

《锦州战事画刊》

上海良友图书印刷公司编印，1932年4月出有1期。

《中华新闻画报》

1932年1月22日创刊于天津。日刊。此刊一出，《中华画报》则成了它的附属刊物，并且宣称此刊为："中国新闻界之创举，图画与新闻并重之报纸。有大报的材料，画报的趣味。"《中华画报》还转载《中华新闻画报》刊出的《曲线美》照片1幅。

图3–42　1931年9月19日日寇侵占沈阳机关、银行，《日本侵占东北真相画刊》刊出记录此事的5幅照片。原图现存重庆北碚图书馆。

图3–43　1931年9月19日日寇侵占东北，全国各地掀起了抗日救国大游行，《日本侵占东北真相画刊》刊出记录此事的照片9幅。

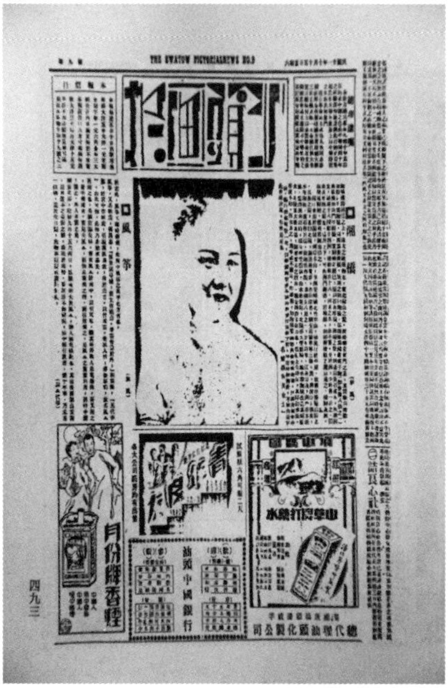

图3-44《汕头画报》封面。

图3-45《汕头画报》内页。

《战事画刊》（其一）

1932年2月25日创刊，梁得所编辑，伍联德出版，上海良友图书印刷公司印刷，8开。1932年4月出版至第3集，每集刊载照片180余幅，配中英文说明，首集刊出《惨无人道》照片5幅，《死里逃生》照片7幅，揭露日寇之残暴罪行。

图3-46《战事画刊》第7期封面。

“战事”即1932年1月28日日本侵略军进攻上海时中国十九路军奋起抵抗的战斗。良友新闻摄影社、申报新闻摄影社、联华影片公司、时报摄影部以及随军作战之学生义勇军等拍摄了数万幅照片，选编成画刊3集。

第1集有暴日挑衅、我军拒敌、上海商务印书馆及上海北火车站被炸毁等20个栏目。宋庆龄到前线慰问的照片和与十九

图3-47　1932年2月25日，《战事画刊》首集刊出《惨无人道》照片5幅，《死里逃生》照片7幅，揭露日寇之残暴罪行。

路军军长的合影都有编入。

第 2 集有 16 个栏目。

第 3 集有 20 个栏目，还录有蔡廷锴写的抗日诗一首。

每集之后，有《上海中日战争纪详》的长文，揭露了日寇的暴行和对中国的侵略。

《抵抗画报》

宋一痕主编。刊载 1932 年 1 月 28 日十九路军在上海抗日的新闻照片，8 开，出版第 1-3 集，配中英文对照说明。

《图画时报上海战刊》

1932年2月15日出有一期。

图3-48 1932年2月15日出版的《图画时报上海战刊》封面。

《国剧画报》

1932年1月15日创刊，北平国剧学会编，北平永丰报房印刷，周刊。至1933年8月已出版（I）第1–40期和（II）第1–30期。

《天津画刊》

1932–1933年间刊行。

《河北省县市自治画报》

1932年4月创刊，河北省县市自治画报社编印，至该年7月出版至第8期。半月刊。

《儿童画报》（其二）

1932年8月创刊，徐应昶编，上海商务印书馆出版，至1936年出版至第140期。此刊为1922年出版的《儿童画报》之复刊。

图3-49《国际现象画报》封面。

图3-50《国际现象画报》内页。

《国际现象画报》

1932 年 4 月创刊于上海，上海国际现象画报社出版发行，国内各埠及南洋各地代售，8 开。梁伯行编辑出版，半月刊，1933 年起改为月刊。现存 1932 年第 1 卷第 1 期至 1934 年第 3 卷第 2 期。其出版目的是“发挥我国之固有文化，介绍最新之世界文化，使新旧文化互相摩荡，产生一种新文化”。刊载国际形势、时事报道、评论、各地战事、风云人物、文化生活等内容及漫画作品。

1933 年 12 月第 2 卷第 12 期刊出《多事之中国》，为 1933 年 11 月 20 日福建人民代表大会各代表合影。重要人物有李济生、蔡廷锴、黄琪翔、徐歉、蒋光雄、陈友仁等。

《晨报副刊》

上海晨报馆编印，每年出版 1 集。1932–1935 年间，晨报馆曾出版过：《国庆画报》《儿童比赛画报》《妇女生活画报》《南京江苏上海建设画报》。《晨报副刊》1932 年 3 月 29 日刊出各

晨報副刊

【右圖】為三月二十九日各界在北大一院舉行三一八死難烈士國民追悼大會之情景，「下圖」為

，二創人為醫院舁去，女亦強起，覓車亦不能得，有某看護生見女衣裙遍染血污，蹣跚而行，疑其受傷，突前扶掖，勸入醫院。女疑其調戲，怒斥之，看護生面赤而去。尚有某機關書記，當大隊游行時，卓立街頭參觀。因言所聞，立以棍末懲之。臂受擊，

图3–51　1932年3月29日《晨报副刊》刊出各界在北大一院举行“三一八”死难烈士追悼大会的照片。

界在北大一院举行“三一八”死难烈士追悼大会的情景。

《图画晨报》

1932 年 6 月 19 日创刊，周刊，上海晨报馆编，至 1933 年 6 月 4 日出至 50 期，1936 年出至 184 期，周日出版，16 开。该画报为《晨报》附设画刊，随报赠送。全部为图画和照片，刊载有社会名流照片、名胜古迹和文物图片、字画图片，以及反映社会现实的讽刺漫画。停刊时间不详。现存 1932 年第 1 期至 1936 年第 184 期。

封面多刊广告画，第 1 页刊仕女之伞；第 2 页刊郎静山之女的歌舞表演；第 3、4 页刊叶浅予之组画；第 5、6 页刊妇女、儿童照片。封底为广告。以后各期刊用照片逐渐增加，而以时事、仕女、歌舞、学生生活、中外风光照片居多。1933 年 1 月 15 日第 31 期刊出《三友影展》作品（三友即郎静山、黄仲长、徐祖荫）。

《人报》

1932 年 7 月 3 日创刊于无锡，此为摄影画报。

《革命军人画报》

1932 年 9 月创刊于南京，月刊，至 1933 年 3 月出至第 6 期。

《小世界》

1932 年 5 月创刊于上海，至 1934 年 8 月 1 日共出版 50 期。出版人伍联德，小世界画社编辑，从第 13 期起，陈炳洪参与编辑。上海良友图书印刷公司印刷发行，全国各大城市及南洋、纽约经售。64开，36页。主要刊中外时事、政治、军事、生产及文化艺术以及世界各国风俗异闻照片。第50期刊登启事：“本志自本期起暂停发行，定户报费，如不愿改定其他刊物或其他书笈者，即当按邮发还，特此布告。”以后未见复刊。

《平报》

1932年4月5日至1933年10月15日刊行，也称《平民画报》，1932年6月出版至第70期，总计出版137期。

《健而美影刊》

上海健而美影刊社编印，半月刊，1932年10月出版第1卷第1、2期。

《银画》

1932年9月创刊，上海电影编译社编印，至当年10月出版至第4期。

《中国生活》

1932年7月创刊，上海生活画报社编，至1933年12月出版至第1卷第6期。该画报在1947年2月至1948年6月又出版第6–13期。

《哈尔滨五日画报》

1932年9月15日创刊于哈尔滨，之后以《五画副刊》之名出过几期，4开4页，报纸印，至1941年3月25日已出版第17卷第585期。哈尔滨五日画报社发行，主要内容为反映哈尔滨的社会、经济、政治、文化等多方面的照片、漫画，图文并茂，现存1932年10月30日至1938年8月15日各期，缺失较多。停刊时间不详。此刊的社长为王岐山，编辑人员署名的有周际苏、裴志斐、刘景和等十人，数年后署名的有刘景和、刘锦章。至1941年编辑人为曲耀缨，印刷人为崔润芝，发行人为王崙山。该刊的摄影者有王岐山、乐天、东里等人，经常投稿的有崧山、云影、李子川、孟湖、培干东、石雨等。此刊在伪“满洲国”建立时创刊，无耻地为伪满溥仪鼓噪。在刊行的头一年，就出过《建国》周年号和《建国运动会专刊》，大肆吹捧伪满。

《大北新报画刊》

1932年创刊，在哈尔滨出版。社长为日本人山本。画刊部长晋辑五，编辑肖丽。1934年4月2日出至第23号。1934年10月，由契芝接任编辑。此号头版刊外国女影星照片，第2、3版刊汉奸活动、妇女像、书画等，第4版刊小说及广告。

此刊为日本人直接控制，除刊有少量日本风光照片外，大力为伪满宣传，如出版“溥仪观舰”专号，伪满“建国运动大会”专号、“花选”（选美女）专号等。为混淆是非，也刊载关内名胜古迹、社会名流、书画、电影、京戏等方面的照片。受日本控制但不露行迹，多由伪满出面搞些卖国活动。

《红星画报》

1932年12月创刊，中国工农红军总政治部红星社编辑出版，创刊号为“纪念列宁”专号，石印，32开。原为半月刊，

图3-52 1934年3月《红星画报》第4期封面。

后改为不定期出版，是中国工农红军政治部在江西红都出版的第一种画报。1933年8月25日出有1期，1934年出版第4期。

毛泽东曾指示“多刊图画”，还说“一张图画就是一份‘政治教材’”。高帆在《红星画报》出版前说：“1929年12月召开的红四军第九次党代会（即古田会议），还专门作出决议，要求红军部队及时出版画报，并把画报作为士兵政治训练的内容之一。”吴群说：“红四军1929年12月在古田召开第九次党代会，针对‘画报只出了几张’的情况作出决议：政治部宣传科艺术股，应该充实起来，出版石印或油印的画报，要精警，使他们一看起一个印象。”

《红星画报》是我军早期创办的绘图石印画报。现可见的有《红星画报》第4期，封面中间刊出一幅图“苏联红军之图书室”，有5位苏联人排坐阅读，图下又写有“据不完全统计，苏联红军中之图书馆有二千以上，藏书一千三百万部”。

《革命军人画报》

1932年9月创办，南京明瓦廊发行，国民政府军事委员会政治训练处宣传科编，主编为宋教仁。1933年8月1日在北平继续创办，16开，每月出版1册，非卖品。该刊在两地分别出版了几期，常出版“抗日特刊”，刊载日寇对我国侵略的图文，国内新闻多附照片。也刊出了一些反共的图文，现存多为残缺本子。该报宗旨为：“本刊以发扬党义、促进军民联合为宗旨。”征稿条例为：“甲：国内外军政重要时事，及本党主义等，也要常刊讽刺画；乙：军政重要新闻，各地风俗士兵作业及生活情形，国内外重要发明等图片；稿酬1至5元，特种稿件酌加。”

在创刊号中，第1–6页刊有宣传画，有梁中铭、志青的抗日及废除贪官污吏的画。时值“九一八”事变，披露日寇暴行的画较多。还刊有上一年日寇在东北之暴行照片4幅，义勇军抗日活动照片5幅等。以上均为《时事月报》提供的照片。

1932年10月10第2期为“双十特刊”，第1～6页刊有抗日反伪蒲画，第7页刊武昌起义图3幅，分别为清官吏逃亡、武昌军政府门景、清新军变革命军后仍着清军服而臂系白布的照片。第8页刊“奋勇抗日的东北义勇军”照片7幅，第9页刊虎与龟图片，揭露日伪汉奸丑态的图片6幅，第10页与第11页刊“政训班考试”照片1幅，第12页刊“新发明与新军器”照片4幅（外国军器），第13页刊美、德军事会操照片6幅，第14页刊“我国海军之秋操”照片9幅。

第3期内容缺失。

1932年12月15日出版第4期，内容较广泛。第1页为宣传画，刊梁鼎新作的4幅画以及志青作的“宣传国民党三中全会”画。第2页刊“宣传主义”照片4幅。第3页刊宣传画2幅。

第 4 页刊宣传讽刺画 3 幅。第 5 页刊时事讽刺画、反日画 4 幅。第 6 页刊时事讽刺画 4 幅。第 7 页刊“国府南迁”图片 5 幅。第 8 页刊反共内容。第 9 页刊中华照相馆拍摄的陈独秀、彭述之在沪被捕照片。第 10 页刊“国内外新闻”图片 5 幅。第 11 页刊“科学与战争”照片 8 幅，包括美国总统选举、英国工人罢工等，都为外国时事，却没有科学与战争的图片。第 12、13 页刊“国际新闻”照片 9 幅，都为西方各国武备与训练情形的照片。第 14 页刊“独占与瓜分”的照片 2 幅，照片为野兽独食一物与三狮抢食一物，文字谴责日寇欲独占中国、列强瓜分中国的现状。第 15 页刊“革命军与军阀”画 3 幅，16–18 页上刊“小剧场”讽刺组画 8 幅，下刊“一月大事记”文字。第 19 页刊梁中铭创作的废除贪官污吏的图画，以及梁鼎新、梁中铭、志青创作的图画 3 幅。

1933 年 1 月 15 日出至第 5 期，第 7 页刊“国内新闻”照片 8 幅，均为陈西玲、国民政府军事委员会训练处艺术股、九师政训处以及中华照相馆供稿，内容皆为国民党党政军要员及部队修路等，其中有张治中与戴戟、俞济时合影 1 幅。第 8 页刊“剿共”照片 10 幅，第 10 页刊“剿共”照片 6 幅，第 11 页刊“一二八”事变照片 4 幅，第 12 页刊“无耻的男女”照片 7 幅，揭露伪满的丑行，第 13 页刊“国际新闻”照片 8 幅。

1933 年 3 月出至第 6 期，第 7 页在“抗日特刊”标题之下刊“万宝山”照片 2 幅，短文介绍日本挑拨朝鲜人屠杀中国居民，还刊出“九一八”事变的照片 2 幅。第 8 页刊“抗日特刊”，刊图片 5 幅，刊出日寇烧杀奸淫罪行照片多幅。第 9 页刊“抗日特刊”（此处为“一二八”事件）照片 4 幅。第 10 页刊“我们的仇敌”日伪傀儡活动照片 8 幅。第 11 页刊“抗日特刊”“前方抗日战”东北义勇军抗击日寇照片 7 幅。第 12 页刊“抗日特刊”“前方抗日”“军民抗日”照片6幅。第13页刊“抗日特刊”“抗日后方”动态照片6幅，其中有朱顺麟拍摄的2幅照片。第14页刊“抗日特刊”照片多幅，但无抗日内容的图片。

该报1933年8月1日在北平创刊后，由军委会北平分会政治训练处第一科艺术股编，地址设在北平新建胡同3号，版式内容与南京版相同。在现存的一期画报中，第7页刊有“国内新闻”与“国内时事”，刊有中日交涉、海军飞行训练等照片7幅。第8页刊有“剿共”照片5幅。第9页刊有“国际时事”照片5幅，内有苏联空军大会操的照片1幅。第10–11页刊有长城图1幅，写明“革命的武装同志要冲出长城去”，下刊各国军备图片2幅。第12页刊有“政训班”招生照片5幅。第13页刊有泰国六月革命照片4幅，是从《时事月报》借用的，下刊智利政变照片2幅。第14页刊“实行总理兵工政策！”的照片3幅，分别为梁鼎路提供1幅，陈西玲提供2幅。第15页刊“宣传主义”画1幅。

《民国日报画报》

1933年9月22日创刊，在杭州出版，1935年8月20日出版至第98期。

《新华画报》（其一）

新华电影公司出版，半月刊，1935年6月出至第5卷第12期，1937年8月出至第9卷第6期。每年出两卷，每卷12期，按此推算，创刊时间应在1933年1月。1936年6月，上海新华影业公司出版一种与此同名的画报，见后录。

《全国运动会专刊》

1933 年出版。叶浅予主编，张光宇发行，上海时代图书公司出版，8 开。全部刊运动会比赛照片。特约摄影者有：宗维赓、张有德、陈嘉震、张昺德、汪鑑荣、吴恩元。

《申报画报（全运会纪念特刊）》

1933 年上海申报馆编印。

《新时代文艺画报》

1933 年创刊，上海新时代书局出版发行。月刊。主要刊载巴金、徐志摩、柳亚子、沈从文等的文艺作品和作家活动照片。

《民众画报》（其三）

1933 年 11 月创刊，天津市民众教育馆编印，1935 年 5 月出至第 23 期。

《防空露布》

航空署编，杭州正则印书馆印，4 开，1 张。1933 年 10 月 10 日出至第 2 期，11 月 20 日出至第 6 期。

《沈阳画报》

沈阳画报社编印，在 1933 年至 1936 年间刊行，已出版过 113 期。

图3-53　1935年1月2日出版的《风月画报》第5卷第1期封面。

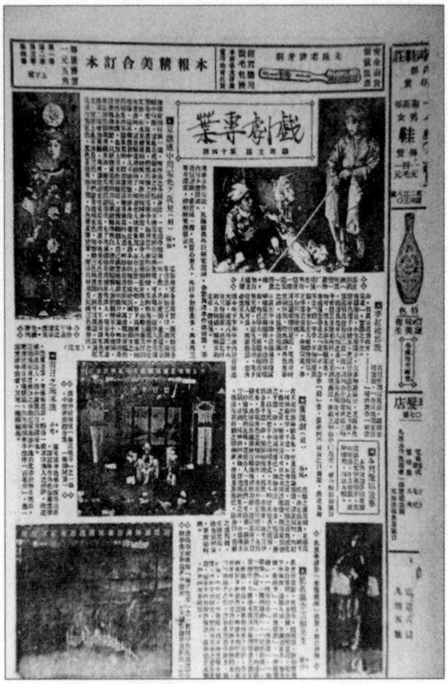
本報精美合訂本

图3-54　1935年1月2日出版的《风月画报》第5卷第1期内页 。

《风月画报》

1933年1月1日创刊于天津，叶庸方主办，半周刊。风月画报社刊行，经理为吴葆甫，主笔为魏病侠。1935年由姚惜云接办。8开4版，道林纸印刷。1936年3月1日改为三日刊，周三、周五、周日出版。现存1933年1月第1卷第1期至1937年7月第11卷第10期，之后停刊。本刊为通俗画报，登载名伶照片、名胜摄影，风月人物轶闻、小说连载等，广告占一半篇幅。该刊在征稿启事里说：“本刊欢迎各种有关风雅之文字与照片，文尚短俏，片贵新颖。”

《斗争》

1933 年 2 月 4 日创刊于瑞金，周刊（一说旬刊）。由苏区中央局主办，中国共产党苏区中央局党报委员会编辑，该刊由《实话》和《党的建设》合并而成。1933 年 9 月 30 日停刊，共出版 73 期（一说 72 期）。其主要内容是刊登苏区中央指示、决议，以及苏区中央局领导人撰写的重要文章等。该刊刊有少量新闻图片。

《联华画报》

1933 年 1 月 1 日创刊于上海。初为周刊，编辑王绍清，16 开，横开本，4 页，每卷 26 期，每周日出版。后改为半月刊，编辑先后为沈浮、赵英才、唐瑜、丁聪等，16 开，单行本，每期 36 页。

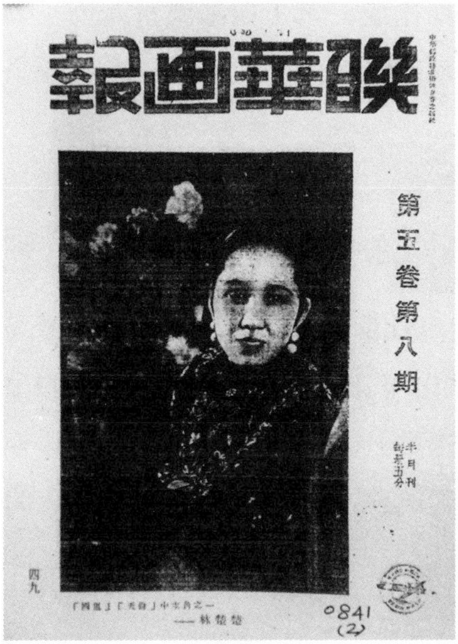

图3–55 《联华画报》封面。

图3–56 《联华画报》内页。

1936年7月1日出至第8卷第1期后停刊，同年11月20日复刊，期数续前。1937年8月1日再度停刊，共出版9卷6期（共计152期）。编辑责任人先后是上海联华影业公司编译部、联华画报社、联华画报半月刊社，上海杂志公司总经销。该刊为艺术类刊物，主要内容是宣传联华影业公司的电影作品和影人。现存1935年第5卷第7期至1937年第9卷第5期。电影画刊。1935年第5卷第7期为阮玲玉纪念专辑。

《春耕画报》

苏区中央土地人民委员部出版发行，1933年2月15日创刊，4开，石印，不定期。

《选举运动画报》

1933年8月创刊，第二次中华苏维埃全国代表大会筹备委员会出版，16开，石印，不定期出版。第1期画报封面为工农群众在大会上投票选举的热烈场面，宣传苏区广大工农群众当家做主、积极参加选举运动。

《导光》

1933年9月15日创刊，北晨社编，半月刊，第5期起改为周刊，至1935年12月15日已出至第3卷第42期。每期刊国内外新闻、科学知识、文化古迹照片二三十张。第1卷第5期刊赵毓楼参加美国影展获一等奖的作品。清末老报人王韬曾为该刊题词。

《电影画报》（其二）

1933 年创刊，上海良友画报社出版，共出版 27 期。

《小画报》（其二）

孙雪泥、张恂子编，胡旭光、徐维良、田清泉、周冲、王承英、葛文鼎绘图。1933 年 12 月出至第 12 期，以每月出两期计算，创刊时间应为 7 月。此刊至 1935 年尚在刊行。上海图书发行局发行。

第 12 期刊的广告说：“小朋友们要友好吗？——快来购阅画报”，“小朋友们要良师吗？——快来购阅小画报。”如此看来，此为儿童画报。

《军人画报》

1933 年 8 月 1 日创刊于北平，12 开。1933 年 9 月 1 日出至第 2 期，应为月刊。主要刊载国内时事照片，如《华北停战协定》《新疆内战》《勿忘国仇》等。

《互济画报》

中央苏区互济总会筹备委员会创办，石印，4 开。1933 年 12 月一期为“四一二”反白色恐怖特刊。刊画十多幅。

《榆关战事画刊》

上海良友图书印刷公司编印，1933 年 2 月出版第 1 册。

图3-57 《榆关战事画刊》刊出的河北古北口战斗中追悼大会的照片，我军在此次战斗中伤亡巨大。

《每日画刊》

天津大公报馆编印，1935年8月31日出至668期，以每年365天计算，创刊时间约在1933年冬季。1935年5月27日刊毛泽东、朱德、邓发、项英、王稼祥合影照片1幅。这是中共最高领导人合影第一次在白区（天津）刊出。

《明星》

上海明星影片公司编印，1935年1月出至第2卷第6期。半月刊。1935年4月至1937年7月出版新1–8卷，每卷6期。在此之前的1925年11月至1928年1月，出版过第28期。

《今日中国》（其一）

香港今日中国出版社编印。1933年至1940年刊行，已出版第1、2卷，第2卷出至第17期。

《生活画报》（其一）

1933年7月创刊，丁熙编，中国生活出版社出版，1933年8月出版至第28期。1946年1–5月又新出版1–4期。

《生活画报》（其二）

1933年1月创刊，生活周刊社编，上海生活书店出版，1934年2月出版至第3卷第38期。所刊时事照片及风光名胜摄影作品，多在《生活周刊》上刊用过。此刊是在戈公振先生倡议和支持下出版的。

《大众画报》（其一）

图3-58　1933年《大众画报》第1期封面。

1933年11月创刊，发行人为黄式匡，主编为梁得所，署名的编辑有李青、李旭丹、莫自衡。8开，每期40页，至1935年5月出至第19期，刊行期虽不长，但却是20世纪30年代编辑内容与印刷质量都很好的一家画报。大众出版社成立的第1年创办了6种期刊，《大众画报》是首先刊行的一种。7个月后，又创办以刊登时事新闻照片为主的《时事旬报》，向国内外发行。

主编梁得所在每期末页会写《编辑后记》，记述编辑经过。第1期后记中写道：

> 内容将何以引起读者的欲求呢？具体来说：一、有新闻性——因为这是定期刊物，应使人看了一期要看下期。二、美术欣赏——因为这是画报，画多话少，随处应用美术。现实生活许多苦闷，艺术无疑地是有慰解的效力。三、知识灌输——虽然我们认定消遣品是生活所需要，但不让本报止于消遣……我们不能使这杂志成为空洞的文艺刊物。换句话说，这画报不但有“平面”，而且要有“容积”的。以上所提的几种特质，与其说是本报具备的美点，不如说是我们企求的目标。

梁得所约请著名文学家老舍为之写稿，著名画家张大千、徐悲鸿、黄宾虹、叶浅予、鲁少风等为之作画，著名摄影家张印泉、郑景康、吴印咸、蔡俊三、刘体志、冯四知、王小亭、郎静山等为之提供摄影艺术作品和新闻时事照片。还有许多著名照相馆、摄影通讯社、电影公司为之提供各种内容的照片，戈公振还从莫斯科寄回介绍苏联的照片。国际时事新闻照片，也搜罗不少。还有主动向《大众画报》撰稿的，仅在第1期出版之前，就收到全运会照片300多幅。梁得所只能择优刊出部分。稿件来源如此之广，如此之多，加上梁得所精心巧妙的编排，使得《大众画报》创刊不久，就成了当时很有影响的刊物。

《中华月报》

上海中华月报馆编印，1933年出至第8卷。月刊。

《青青画报》

叶兆熊编，上海青青出版社出版，半月刊，1933年出版6期。杭州的《东南日报》和《杭州民国日报》在同一时期，时而联合出版画报，时而各自编印画刊或画报，都为8开1张。

《东南日报杭州民国日报联合出版画报》

1933年9月创刊，《东南日报》与《杭州民国日报》合编，周刊，8开，1937年3月出版至第300期。

《杭州民国日报画报》

1933年9月22日创刊，杭州民国日报社编，8开1张。1935年8月24日出版至第98期，多刊名胜古迹和侍女照片。照片拍摄者多署名，常见陈万里、郎静山、冯四知、蒋炳南、

图3-59 《妇人画报》封面。

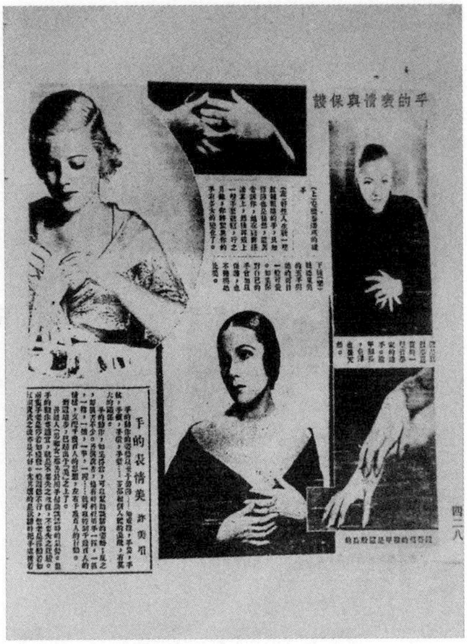

图3-60 《妇人画报》内页。

樊迪民等人拍的照片。其中《嘉兴隋代古建筑东塔》1幅，署名为“嘉兴新闻摄影社摄”。

《妇人画报》

1933年4月15日创刊于上海，半月刊，每月15日、30日出版，16开。主编邓倩文，后由郭建英、李青、沈传仁继任主编，良友图书印刷有限公司发行。该刊为时尚类刊物，内容涉及中外妇女界动态、女界名人、摩登生活讲座、家庭儿童、卫生保健、时尚风潮及文学作品等内容，其图片包括照片和漫画。1935年4月出至第48期后停刊。现存1933年第1–12期。

《现象画报》（其一）

创刊时间不详。1933 年 12 月第 2 卷第 12 期刊出《多事之中国》，为 1933 年 11 月 20 日福建人民代表大会开会时的代表合影。重要人物有李济生、蔡廷锴、黄琪翔、何公敢、徐歉、蒋光鼐、陈友仁、戴戟等，蔡廷锴是在 1932 年 1 月 28 日在上海抗击日寇后去福建的。

《互通画报》

中央苏区互济总会筹备委员会编辑出版，4 开，石印，1933 年出有 1 期，为“四一二”反白色恐怖特刊，刊图画十多幅。

第三节 1934-1936年画报画刊出版

这一时期画报的出版十分活跃，目前收集到的和可查到的画报已超过110种，尤其是文化题材的画报出版盛行，占有很大的市场份额。在国统区的大城市，各种电影文化娱乐的出版题材很常见，恍惚让人感觉生活在太平盛世之中。

《金石书画》

创刊时间不详，旬刊，1935年1月起改为半月刊，为《东南日报》特种副刊。出版地在杭州，余越园编辑，刊登内容包括对金石、古玩、书画、瓷器、陶器、竹木雕刻等的图文介绍。并对金石书画进行点评。金：各类铜印拓版本，石：各类碑石拓，书：各名家书法、楹联、书札等，画：古名家长卷、画册等。现存1934年9月至1937年8月各期。停刊时间不详。

《时报·号外画报》

1934年（民国二十三年）1月1日创刊。上海《时报》社发行，随《时报》附送。日刊，1936年9月5日起改为两日刊。现存

图3–61 《时报·号外画报》封面。

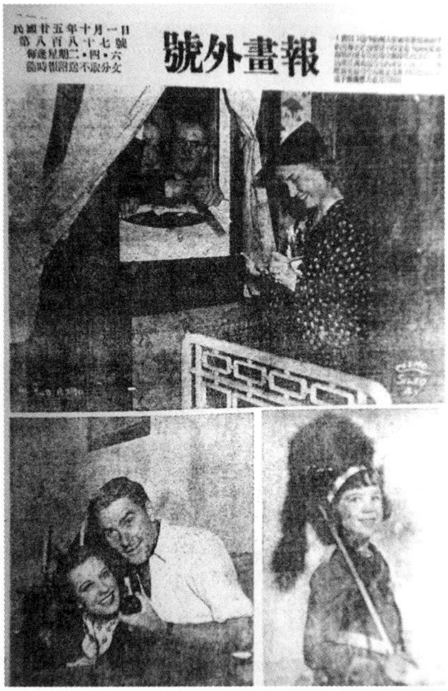

图3–62 《时报·号外画报》内页。

1934 年 1 月 1 日至 1937 年 6 月 29 日各期。该刊为文化娱乐性画报，全部是配有文字说明的新闻图片，内容有文化艺术、新奇事物、风土人情、风光名胜、奇珍异闻、中外明星剧照、艺术照、生活照等。

《社会画报》

1934 年 4 月创刊于上海，次年仍在刊行。日刊。

《健美月刊》

严次平编，健美月刊社出版，1934 年 1 月至 1935 年 6 月出版第 1–2 卷。

《文艺风景》

上海文艺风景社编印，月刊，1934年6、7月分别出版第1卷第1、2期。

《文艺画报》（其一）

1934年9月9日创刊，朱曼僧发行，朱富缦编，董伯林印刷，沈阳文艺画报社出版。三日刊，4开4版。此刊为欺骗人民的汉奸刊物。1934年12月出至第38期，1936年11月15日出至第241期，间有缺，停刊时间不详。

发行人在发刊词中说：

> 我们创办文艺画报，一方面想供给大家一些清新脑筋、舒畅精神的东西，在公余之暇也好调剂生活，安慰安慰精神；一方面是为了介绍给大家一点相当的艺术……满洲国也可成为世界上著名的艺术国家，这是我们的希望。

这实际是麻醉人民的。

该报的写真记者有高庆阳等，提供照片者有白鸥、哈代、暗影等。头年头版刊二十四孝图、长恨歌画意图、溥仪、仕女等等，四周刊有广告。第2版刊风光、名媛、满日“亲善”。第3版刊金石书画、京剧剧照、明星等。第4版上方刊连载长篇小说，中间刊漫画，下方刊广告。为欺骗人民，也刊关内名作家作品、名画家的绘画、社会名流活动、北平风光等。

《三民画刊》

1934年1月创刊，美国芝加哥晨报印务有限公司编印，月刊。1935年5月出版至第12期。

《斯民》

1934 年 9 月 1 日出版第 1 卷第 13 期，为日伪宣传的 8 开画报。1935 年，长春中央斯民画报社出版一种《斯民写真画报》，该刊在《文艺画报》刊广告吹嘘“是满洲写真的灵魂，是画报生命的中枢，是时事的开放大送，是现代的大写照”，但早已被唾弃，片纸无存。仅从广告中闻其臭名而已。

《号外画报》

1934 年 1 月 2 日创刊，上海时报馆编印，日刊，至 1935 年 3 月 30 日出版第 672 期。正式出版之前，出过试刊“0”号。大 16 开，1 张 2 面，刊 2–4 幅照片。注明随时报号外附送，不取分文。主要刊载当时外国电影照及明星照，而以女星居多，且袒胸露腿，中国电影照和明星照也刊一些，外国名胜偶尔也刊一些。文字很少，照片清晰。

《图画月刊》（其二）

先由中国画月刊社编印，1934 年 11 月至 1935 年 8 月出版第 1–10 期，之后由中国画学会编印，期号另起，1935 年出新第 1–6 期，1936 年再出新第 1–3 期。

《字林画报》

1934 年 1 月至 1937 年 1 月刊行。

《印刷画报》

1934 年 5 月创刊，上海高元印刷工业研究所编印。

《万象画报》

张光宇编，上海时代图书公司出版，1934 年 5、6 月分别出版第 1、2 期。以美术论文及作品为主。

《旬报》

1934 年 7 月创刊。上海大众画报社编印，16 开，32 页，铜版。该刊宣称："避日报之繁，补画报之简，中外时事阅览之后了然胸中，此旬刊为中国新闻事业别开生面之出品，大众出版社又一新贡献。"主要刊载中外时事照片，文字内容有"十日大事评述"。

《美术杂志》

上海良友图书印刷公司出版，1934 年出版了第 1 卷第 1–3 期。双月刊。

《大陆画报》

在上海出版，1934 年 10 月至 1935 年 2 月刊行。

《申报图画特刊》

上海申报馆编，三日刊，每周一、周四出版，随报赠送，不收分文。从 1934 年 3 月 15 日起至 1937 年 8 月，共出版第了 26 期。

图3-63 《申报图画特刊》封面。

图3-64《申报图画特刊》内页一。

图3-65《申报图画特刊》内页二。

《游艺画报》

1934年2月在天津创刊，周刊，先为16开，从第18期起改为4开，至1935年3月16日出第至49期。主要刊戏剧名流的活动、平民写真、小品文及谜语等。

《青岛画报》

1934年6月创刊，发行人唐渭滨，编辑赵庶常、钱醉竹，青岛繁荣促进会出版发行，16开。1937年5月出至第28期，第1–5期为半月刊，第6–20期为月刊，第21期起为双月刊。照片拍摄者有青岛天真照相馆和赵鑫兮、李尧生、陈嘉震、鸿新、鲍振青等。该刊自称《青岛画报》是青岛唯一的美术刊物。凡青岛的建设、交通、港口、名胜古迹、水族馆、文体活动等的摄影，均可在各期画报见到。

《铁展》

1934年5月创刊画刊，北平铁展画刊编委会主编，铁道部全国铁路沿线出产货品展览会出版，北平友联中西印字馆印刷，8开，图文清晰。

在创刊号上，刊有铁路沿线物产照片。名胜古迹照片有《殷比干墓》《比干墓无心草》《子贡手植之楷树》，还有唐代韩愈、李翱、孟郊、柳宗元等同登滑县慈恩寺塔并题名留念的《雁塔题名》照片，第5幅是《禹王庙》，说是昔日禹王疏导黄河曾登大伾山，后人在大伾建庙纪念。

《影画》

上海影画周刊社编印，周刊，1934年12月已出至第1卷第9期。也有说是月刊，是此刊刊期的改变还是同名两刊，这尚须查证。

《浙江新闻图画增刊》

杭州浙江新闻报社编印，1934年10月10日出有1册，12开。封面刊孙中山与宋庆龄在双翼飞机前合影1幅。这一期主要刊古今名画书法、名胜风光、影剧界人物及剧照。名胜风光照片约140幅，主要为浙江省内的。拍摄者为陈万里、郎静山、胡伯翔等。

《武汉画报》

唐振吉编，武汉民报社出版，周刊，1934年至1937年3月刊行，出版过153期。

《中华日报画刊》

1934年6月出版。

《小朋友画报》（其二）

沈子亟编，中华书局出版，半月刊，1934年11月至1937年5月出版第10–69期，创刊时间应在1934年下半年。

图3–66 《武汉画报》封面。

图3–67 《大上海图画杂志》出版的“国庆”号内页。

《大上海图画杂志》

吕庄仪编辑，大上海图画杂志社出版，月刊。1934 年出至第 19 期。大上海图书公司以“大上海”为名，出过“国庆”号，刊照片 70 余幅，为此刊供稿者有国际社、民觉社、黄剑豪等。

《文艺画报》（其二）

1934 年 10 月 10 日创刊于上海，叶灵凤、穆时英编，张静庐发行，16 开，上海文艺画报社出版。

此刊号称是月刊，但未能按月出版，第 2 期晚了一个月，12 月 15 日才出版，第 3 期为 1935 年 2 月 15 日出版，第 4 期为 4 月 15 日出版。

创刊号主要刊载名家短篇小说、名画、名剧评介、电影评论。文中多有插图，在前2页刊出的是中外文坛活动照片，最后2页刊出中外电影、舞台剧照20幅之多。徐悲鸿在苏联举办画展的照片21幅也随文刊出。第2期形式与内容大致与创刊号相同，以后刊出的照片逐渐减少，但在文章中仍附有插图，如第3期就刊出韦尔斯在苏联与高尔基交谈的照片。

《北晨画刊》

1934年5月19日创刊，北平晨报画刊部编印发行，8开，4版。道林纸印刷，主编不详，作者有恨水、朱小峰、济公、闲人、苍苍、冰流、于非广、凌霄汉等。至1937年3月13日出版第11卷第10期（每卷出版13期）。除有两期延期出版外，其余均按期出版。

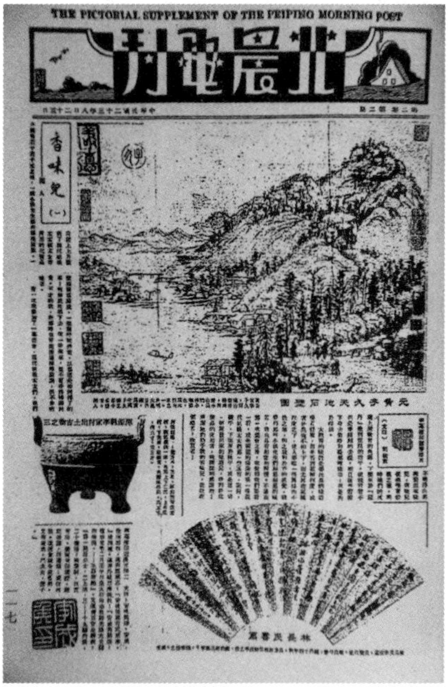
THE PICTORIAL SUPPLEMENT OF THE PEIPING MORNING POST

北晨画刊

图3-68《北晨画刊》封面二。

图3-69《北晨画刊》内页二。

印刷精美，所刊的文字、照片至今仍然非常清晰，虽然字比较小，但读者看起来并不困难，栏目有“摄影”“杂谈”“漫画”等，版面比较活泼，图文并茂。

创刊号发刊词《画话》一文中说，“今天北晨画刊新居落成，老店重张”，老店是指1931年创刊的《北晨画报》，迁入新居后，改名《北晨画刊》，卷次另起，其版式与老店无异。

此刊1934年8月8日出版至第1卷第13期，金石书画及评文占版面的一半有余。8月18日至11月10日出版第2卷第1–13期，摄影所占版面逐期增多，每期刊照片十几幅乃至二十多幅，金石书画则仅占版面的1/3。金石多为珍品，书画多为古今名作。摄影则有：一、时事，包括国内外时事新闻、中外文化交流、体育活动、学生生活等；二、艺术摄影及写真，有时也称艺术写真、摄影艺术或艺术摄影，虽不是每期都刊登，但每卷总要刊出名家作品二三十幅，如张印泉、赵澄、郑景康的作品；三，风光摄影，凡国内名山大河、古迹和外国的名胜，每期刊摄影图片8–10幅，编者加以文字渲染，美景胜迹引人入胜。其次，也刊雕塑和漫画，不过数量不多。

图3–70 《美术生活》第2期封面。

《美术生活》

1934年4月1日创刊，创办者为金有成、俞象贤，出版者为上海三一印刷公司，上海新闻报馆总发行，至

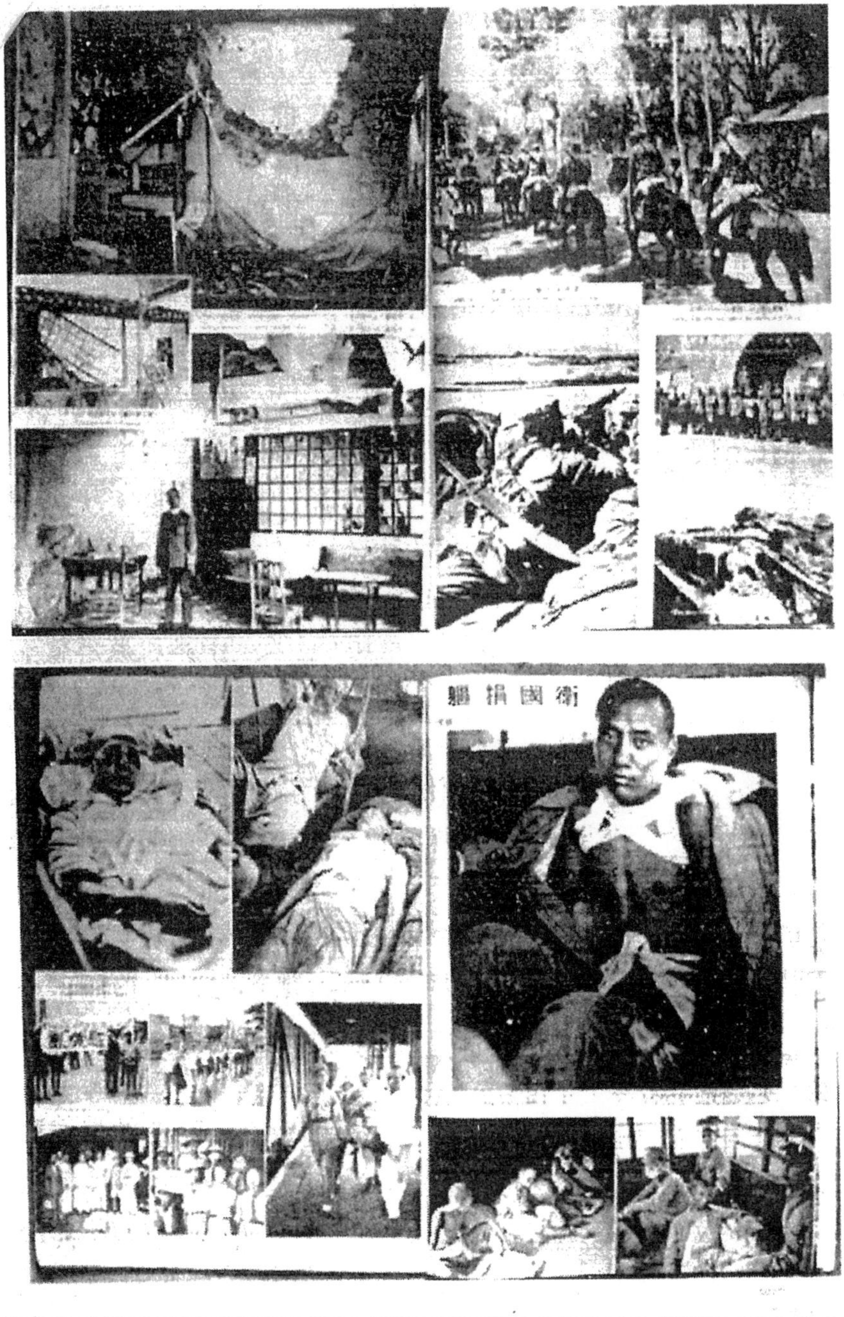

图3-71　1937年8月1日出版的《美术生活》第41期刊出小方拍摄的《守卫卢沟桥的二十九军兵士》《为国捐躯》《民众劳军》组照。

1937年8月出完41期后停刊。

编辑者为美术生活社，总编辑为锺山隐。编辑者时为五六人，时为十一二人，较久的有钱瘦铁、郎静山、柳溥庆、吴朗西、刘旭沧、罗毅孙、李旭丹等。

特约编辑初期有23人，后增至36人，有张大千、徐悲鸿、林风眠、黄宾虹、张聿光、孙雪泥、梁鼎铭、贺天健、黄仲长等。

发刊词中写道：

> 慨自东北，强邻对我文化政治经济之侵略日甚一日，兼以内患频仍，经济破坏，工业不振，民生凋谢，是诚危急存亡之秋也……有鉴于此，爰创斯刊，其目的在表彰我国固有之灿烂文物，使国人知所眷顾也，介绍世界之新艺术，使国人有所借镜二也，影写观今社会之生活，使国人知所警惕与勉励三也……故蔽刊内容以艺术与工艺为经，政治、经济、社会诸生活力绎，广搜博採；取材为求得当，而选材力求其精，言简意赅，以期耗时少而获益多，取价低廉，以期购置易传播广。简言之，蔽刊期由艺术之大众化，以达到救亡图存观念之普遍化，比即同人等区区之顾望也。

即在此方针指导下，每期多刊古今中外的艺术品图、美术摄影作品、新闻时事和社会生活照片，风光名胜照片也有涉及。

《图画旬刊》

胡旭光等6人编绘，上海图书发行局发行，1934-1935年刊行。此刊为文华四大杂志之一。

《进化》

周刊。1934年11月19日出版第71期，刊出史量才被段祺瑞政府杀害的消息和照片，这很快引起全国强烈反对与声讨。1935年10月10日在上海举办的全国第六届运动会，此刊连续出了4期专刊；1935年11月11日第168期刊出有关汪精卫被刺的照片8幅，汪于11月1日国民党六中全会开幕之日被刺；1935年12月9日，刊出北平15所学校学生5000人请求抗日游行；12月20日刊出上海学生3000多人到市府请愿的照片。

《高级儿童常识画报》

上海儿童常识画报社编印，1934年4月出至第3期。

《海岱画刊》

王献唐主编，发刊词是由著名作家老舍写的。1934年至1935年秋共出版42期，随《山东民国日报》附送，是山东出版的第一种画报。桑子中曾写过对该刊的简介文章。

《航空画报》

1935年创刊。中国航空协会画报社编辑、出版，发行。航空专业画报，月刊，现存1935年第1-6期。以促进航空救国，唤醒国人认识航空现状为宗旨。刊登中外航空动态、航空知识、航空技术、航空名词浅释、航空器介绍等内容。1935年8月改名为《航空》。

《中级儿童常识画报》

徐晋编，1935年10月出至第15期。

图3-72《航空画报》封面。

图3-73《航空画报》内页。

《常识画报》

上海儿童常识画报社编，上海儿童书局发行，半月刊。1935 年出版第 7–19 期，1936 年出版第 24–29 期。

《真光影录》

北京真光电影院出版，1935 年 8 月出至第 200 期。

《东南日报画刊》

杭州东南日报社编，8 开，2 面。1935 年 10 月 7 日至 1937 年 2 月 22 日出版第 201–300 期。一面刊照片，一面刊文字。

图3-74《第六届全运会画刊》封面。

图3-75《第六届全运会画刊》内页。

《第六届全运会画刊》

《东方杂志》号外，东方杂志社编辑，李圣五主编，上海商务印书馆发行。出版时间为 1935 年 10 月第六届全运会期间。刊载全运会动态，介绍各类赛事，介绍运动员以及各类比赛的图片。

《铁血画报》

1935 年 8 月 20 日出至第 2 期。

《趣味新型图画半月刊》

青争、朱戈编，沈凤唛发行，上海近代人出版社出版，上海杂志公司总代发行。每月5日、20日出刊，现存1935年8月20日第2期。照片拍摄者有席与群、奎辛、吴宝基、朱血花、马永华等。叶浅予、张乐平、胡考为之作漫画。这一期主要刊电影明星活动和漫画。

《好男儿》

1935年创刊，何鼎新、潘志清等6人编，上海好男儿画报社出版，大32开，1936年7月出版至第12期。第11期主要刊国内外时事图画和照片，第六届全运会的照片刊有41幅，还刊有西北风光摄影作品。文字方面有短篇小说和1935年10月大事记。此刊封底刊名为《好男儿画报》。

《群众小说画报》

丁丁编，上海小说画报社出版，1935年刊行。

《声色画报》

1935年9月1日创刊，沈同发行，项美丽、邵洵美编，上海第一出版社出版，16开，月刊。1935年11月出版第1卷第3期。创刊号刊上海外滩、妇女活动、时事、电影明星等方面的照片，还刊有郎静山的集锦照片。

《春色》

1935年创刊，上海千秋出版社出版，至1935年9月出版了18期。图画半月刊。

《天津晶报》

1935年刊行。日刊。

《防空画刊》（其一）

南京航委会编印，1935年1月创刊。

《国际画报》

上海国际画报社编印，1935年10月出版1–3期。

《时事新画》（其二）

1935年创刊，次年2月出至第12期。三日刊。1930年，上海《时事新画》编辑部出过与此同名的三日刊。

《大都会画报》（其二）

张元贤编，上海元旦广告公司出版，1935年出版第1、2期，1937年7月停刊，1947年9月复刊出新1号，1948年5月出版新7号。

《现象画报》（其二）

1935年4月创刊，薛志英主编，万籁鸣、薛萍编辑，上海现象画报社出版，16开，月刊。创刊号上宣称："第一流作家、第一流印刷，搜罗所有美的现象。"开创文字、漫画、照片合为一体的形式。对照片要求："读者如含香糖，芬芳四溢。"

《女神》

1935 年 5 月创刊，严次平编，上海女神出版社出版，1935 年 12 月出版至第 1 卷第 8 期。

《健康生活》

1935 年创刊。半月刊。

《好莱坞》

1935 年刊行。半月刊。

图3-76　1935年5月《世界画报》第4期封面。

《世界画报》（其三）

1935 年 2 月创刊，陈奕云编，上海良友图书印刷公司出版，至 1935 年 6 月出版了 5 期。

《电通》

1935 年 5 月创刊，至 11 月出版了 13 期。半月刊画报。

《北平晨报元旦增刊》

1935 年刊行。

《现代画报》（其二）

1935 年创刊，吕天奏编，大上海出版社出版。

《扫荡画报》

汉口扫荡画报社编印，1935 年 10 月出版特刊 1 册。

《人生旬报》

1935 年 7 月创刊，周世勳等编，上海声美出版社出版，1935 年 9 月出版至第 1 卷第 6 期。

《生生》

1935 年 2 月创刊，上海图画书局出版。

《苏州画报》

1935 年 9 月至 1936 年 1 月在苏州刊行。

《胜利画报》（其一）

1935 年 9 月创刊，上海大同图书出版公司编印，至 1936 年出版至第 3 期。1945 年 9–12 月又出版了 3 期。

《重庆画报》

1935 年创刊，重庆画报社出版，1936 年出版至第 1 卷第 4 期。1946 年 1 月又出有一期，7 月又出有 1 期。

《世界军情画报》

明耀五编，在上海出版，月刊，1935 年 11 月至 1939 年 2 月出版，1949 年 2 月又出版了 1 期。

《我的画报》

五彩印，32开。内容为传播科学知识，读者对象为儿童。此刊设计与编辑为计志中、沈志坚，1935年出版至第2卷第11期。

《人生画报》（其一）

又名《人生图画月报》，朱血花编，陆心范助编，屠诗聘发行，上海声美出版社出版。1935年11月25日出至第2卷第1期，1936年4月出至第2卷第12期。第2卷第1期为革新号，内容有：一、第二次世界大战的信息；二、蒙古灵泉圣地；三、著名画家叶浅予、鲁少飞、黄苗子、华君武、胡考、张乐平、陆志庠的作品9幅，汪子美的作品14幅。第2卷第12期刊郑景康拍摄的《作剧时之田汉先生》1幅。

《唯美》（月刊）

图画月刊，上海唯美社出版，1935年5月出至第3期，1936年出至第17期。

《妇女生活》

1935年刊行，三日刊。

《妇女生活图画杂志》

1936年1月出至第36期。

《摄影界》

创刊时间不详，陈仲圃编，广州景社出版，小32开。1936年仍在刊行。第6期为“铁华游日摄影个展专号”，刊出照片19幅。停刊时间不详。

《天民报图画副刊》

1936年8月28日创刊，马相伯主编。逢周六出版，上海良友印刷公司代印，4开4版，至1936年12月18日出至第17期。该刊现金征求照片，应征照片须是时事、新闻、游艺、装束、风景、仕女、灾况以及美术照片，但若曾在他处刊过、有伤风化照片者，一概不用。招请特约摄影记者，国内外均可应征，但须寄最近新闻照片2幅，合格者则下聘书，酬金从优。该刊每期刊出照片20幅左右，以国内外时事照片居多。照片供给者有林泽苍、林泽民、黄梅生以及一些报馆。上海的“中华”“宝记”“兆芳”等几家照相馆也提供不少照片。大概中国的“摄影记者”一词自此开始。

《声色周刊》

陆钟惠编，上海声色画报社出版，1936年刊行。

《特写》

1936年3月1日创刊，薛志英编辑发行，至1937年2月出版第了12期。上海特写出版社出版。每月15日出版。

《中国画报》（其四）

1936年1月5日创刊，编辑兼发行人叶如音，上海中国画报社出版发行。8开。创刊号刊出晨报社、国际社拍的《如火如荼之学生运动》。还刊登了一非写的《一百小时的斗争生活》，是一篇支持学生运动的文章。还刊有国际时事照片8幅。1936年1月26日出版第1卷第4期，刊出范正任拍的《到民间去》《北平学生入乡宣导救国》照片5幅。1936年3月29日出版第1卷第13期，刊登国际社、电通社拍的《中国外交动向》照片4幅。

《防空画刊》（其二）

署名“军委会防空处”编，1936年3月出版第1期。

《新华画报》（其二）

新华画报社编，上海新华影业公司出版，1936年6月创刊，至1940年10月出至1–5卷，每卷12期。1935年，新华电影公司出版一种与此同名的画报。

《小小画报》

上海小小画报社出版，编辑者陈伯吹、徐晋，绘图者陈江风、蔡忧毅、杨绍源、束霞光，发行者为上海儿童书局总店，32开，每期16页。彩色石版套印，每月出版两期，暑期休刊，每年出版20期。

1936年8月1日出版新1期，刊登陈伯吹的故事画《老大哥》第31回“一把扇子”，若每期刊一回，在新一期之前已刊过30

回，再以每年出版 20 期计算，估计创刊时间应在 1934 年冬或 1935 年春。新一期刊有谜语画、二北斗星、诚实的孩子、大树下、飞机和蜻蜓、大家怕热、历史故事等共约 70 幅图。内容健康，适宜儿童阅读。1937 年 5 月出版第 12 期，9 月出版第 20 期。

《知识画报》

1936 年 8 月创刊，上海良友图书印刷公司出版，1937 年 7 月出版第 7 期。1928 年 11 月，出过与此同名的画报。

《天津艺华半月刊》

1936 年 5 月创刊，天津艺华杂志公司编印。

《艺观》

1936 年 2 月 20 日创刊，4 开 2 张。刊古文物及古今书画与评介。

《艺华画报》

艺华影业公司编印，1936 年至 1940 年刊行。

《东南画报》

上海东南晚报编印，1936 年 5 月 30 日至 6 月 30 日刊行。

《明晶艺术旬刊》

1936 年 1 月创刊，南国画会主编。1936 年 3 月出版第 7 期。

《明晶摄影》

1936 年 2 月出版第 3 期。

《大公画刊》

上海大公报编印，创刊于天津。后改在上海出版。1936 年 5 月 4 日至 1949 年 6 月 26 日刊行。

《语美画刊》

1936 年 6 月创刊，语美画刊社编。1937 年 7 月 7 日出版第 2 卷第 18 期。刊剧照、仕女、风光、体育、集邮等方面的图文，未刊政治新闻照片。此为第 2 卷第 9 期所刊内容，其他各期所刊照片类似。

《西北新闻》

西北新闻摄影社编印，1936 年出版第 1–3 期。

《战事画刊》（其二）

战事画刊社编，1936 年 10 月创刊。

《图文画报》

上海图文画报社编印，1936 年创刊。

《快镜》

上海大众艺术出版社出版，1936年8月出版第2期。图画月刊。

《紫房子画报》

1936年6月20日创刊，天津紫房子时代服务社编印，12开。1937年2月28日出版第1卷第2期。

《燕化画报》

北平燕化画报社出版，半月刊，1936年11月出版第1卷第1、2期。此刊为戏剧刊物。

《儿童科学画报》

1936年5月1日创刊于北京，中国科学化运动协会北平分会编辑、出版、发行，京华印书局印刷，1937年4月1日停刊，共出版12期，刊有无线电、电话、天文学、机械、动物、植物等内容，大都配有科学类的图画。办刊宗旨是指导少年儿童懂科学、爱科学，希望“三更登火五更鸡，正是儿童立志时”。

《玫瑰画报》

1936年2月创刊，天津玫瑰画报社出版。1937年7月出版第144期。

图3-77 《滑稽画报》封面。

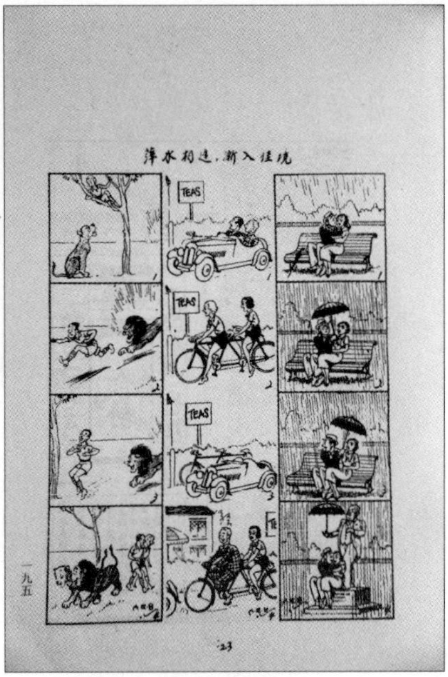

图3-78 《滑稽画报》内页。

《竞乐画报》

上海竞乐画报社编印，周刊。1936 年 6 月出至第 10 卷第 50 期。

《滑稽画报》

1936年8月1日创刊于上海，半月刊，林竞成创办，编辑林梁、徐乙，滑稽画报社出版，三和出版社发行。每月 1 日、15 日出版，16 开，每期 28 页。1937 年 7 月 15 日终刊，共出版 24 期。该刊为艺术类刊物，主要内容是滑稽漫画，用幽默的图画和轻松的文字，使读者开心。用历史画、风俗画、名人画、技术画、新闻画、漫画等形式，反映了多层面的内容。是我国首创的滑稽画专刊。现存 1936 年第 1 期至 1937 年第 24 期。

在1927–1936年这段时期内还有一些出版信息不详的画报，现列举如下，待日后详细考查论证。

《书画公会报》

白话图画日报。具体出版信息不详。

《山西画报》

刊新闻、诗歌、故事。张友渔早年写作的《新念歌》曾在此刊发表。

图3–79 《字母图画》封面一。

图3–80 《字母图画》封面二。

《民国日报画报》

著名摄影家郎静山先生主编过《民国日报画报》。

《字母图画》

上海中华学社发行，在四马路望平路口。其他出版信息不详。

《求是报附刊》

绘画刊物。

《心心画报》

上海心心照相馆经理鲁文辉主编、摄影。

《晨风画报》

已知出至第136期，1935年还出过1期。

此外，该时期还出版有《革命工人画报》《新装画报》《东风》《九华新装画报》《书画公会报》《泸报新闻画刊》《正风画报》《小说新报画刊》《益森画报》等，但无资料存世，只存名称。

第四章

1937-1945 年画报画刊出版

1937 年 7 月 7 日全面抗战爆发，至上海“八一三”抗日血战，中国军民不怕流血牺牲，英勇抗击日寇。血战期间，延安、山西、上海、武汉、香港、重庆、海外华侨等地的战地摄影者，画报、画刊编辑出版者，纷纷奔赴战场，拍摄了很多战地照片，出版了很多刊登血战照片的画报、画刊。这些报刊很快在全国发行，全国军民目睹了这些战地血淋淋的照片，激起了抗战到底的决心，和一定能打败日寇的信心。

上海“八一三”血战后，抗日部队西撤，上海的摄影者一部分留在上海拍摄抗日照片，编印出版画报与画刊。到太平洋战争爆发后，挂洋商招牌，继续出版画报与之战斗。

另一部分摄影者撤至武汉，参与抗日摄影和编辑出版画报、画刊，在武汉坚持一年多后才撤出。

从上海、武汉撤出的摄影者，一部分去了重庆，一部分去了香港，都与当地摄影者分工合作，出版了很多抗日画报。继续与日寇作艰苦的战斗。编印抗日画报，揭露日寇暴行，激起全民抗击，中国人民终于取得抗日战争的胜利，全世界人民都为之欢庆，挽救了国家民族的危亡。

第一节 1937-1939年画报画刊出版

1937 年 11 月 13 日，中国军队撤离上海战区后，上海公共租界和法租界变成了没有中国武装力量保护的“孤岛”。1941 年 12 月 8 日太平洋战争爆发，日军进驻租界，整个上海沦陷，直到 1945 年 8 月日本无条件投降为止。

这里分“孤岛”时期和沦陷时期两个阶段来阐述上海摄影出版的情况。“孤岛”时期自 1937 年 12 月至 1941 年 12 月，共计 4 年时间；沦陷时期为 1941 年 12 月至 1945 年 8 月，共计 3 年 8 个月。这是上海摄影出版处于复杂、艰难、曲折发展的时期。

上海沦为“孤岛”，使摄影界和新闻出版界的处境十分艰难，但他们并没有屈服，除部分人员转移到内地和香港外，一部分仍留居上海，利用租界的特殊环境，进行顽强而坚韧的战斗。

日军侵占上海后，各家报纸如《救亡日报》《立报》《民报》《时事新报》《大公报》《申报》等，因拒绝日伪的新闻检查，自 1937 年 11 月下旬起纷纷停刊，有的则迁往内地或香港出版。各摄影画报画刊也同样如此，并有相当一部分人留在上海，寻找继续出版的机会。

1938 年，上海新闻出版界出现了一种意想不到的情况，因租界当局标榜采取中立政策，而日伪也不能不有所顾忌，因此凡属洋商所办的报刊，就可免受新闻检查。于是，《文汇报》《译报》《导报》《中美日报》《大美晚报》《华美晚报》《大英夜报》等，这些虽为中国人所创办，却挂上洋商牌子的报纸就相继出版。上海画报画刊界在经过一段时间的观望后，也利用租界的特殊地位，先后挂上洋商牌子出版，继续宣传抗战。在 1938 年一年内，就有多家画报画刊用美商的名义出版。1939 年又有《良友》《世界大战画报》等数家挂上美商或其他洋商的招牌。当然，也有个别的画报以暧昧不明的态度出版的。

到了 1939 年后期，"孤岛"的形势造成敌人利用汉奸特务实行残酷的迫害手段，如开列黑名单、暗杀爱国的新闻工作者、

图4-1 《世界猎奇画报》封面。

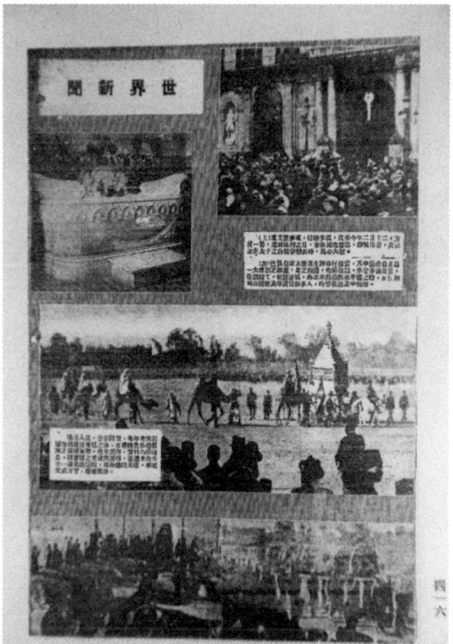

图4-2 《世界猎奇画报》内页。

向报社投掷手榴弹等，报刊即使挂洋商招牌也难以幸免。于是有的画报在1939年后就停刊了，有的则在艰苦斗争中坚持到1941年冬太平洋战争爆发为止。这一时期画报画刊出版情况如下。

《世界猎奇画报》

1937年3月创刊。范寄病编辑，上海声美出版社发行。月刊，现存1937年第1–3期。该刊性质特殊，取材别致，新鲜怪诞。“以天地万物为对象，以寻珍猎奇之心，抱有异必录之旨，上自天，下迄地，一切自然界之珍异怪象及世界各国之风土人情、科学发明、军备武器等等，均在兼收并蓄之列。”内容涉及政治、军事、文化及社会生活等许多方面。

图4–3 《竞乐画报》封面。

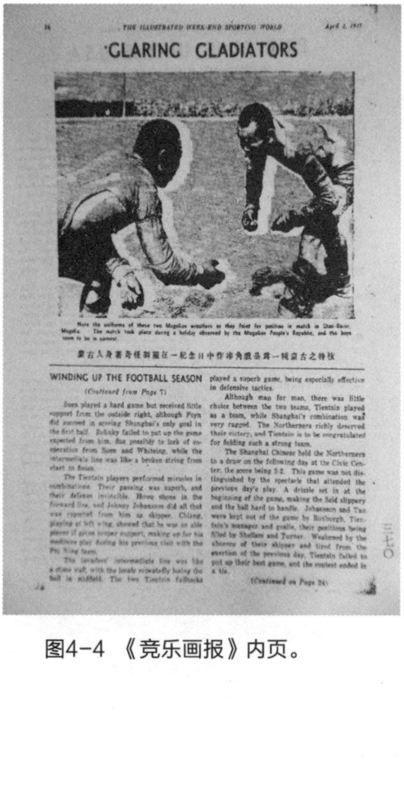

THE ILLUSTRATED WEEK-END SPORTING WORLD

GLARING GLADIATORS

WINDING UP THE FOOTBALL SEASON

(Continued from Page 7)

Soen played a hard game but received little support from the outside right, although Foyn did succeed in scoring Shanghai's only goal in the first half. ...

... played a superb game, being especially effective in defensive tactics.

Although man for man, there was little choice between the two teams, Tientsin played as a team, while Shanghai's combination was very ragged. The Northerners richly deserved their victory, and Tientsin is to be congratulated for fielding such a strong team.

The Shanghai Chinese held the Northerners to a draw on the following day at the Civic Center, the score being 2-2. This game was not distinguished by the spectacle that attended the previous day's play. A drizzle set in at the beginning of the game, making the field slippery and the ball hard to handle. Johansson and Tan were kept out of the game by Roxburgh, Tientsin's manager and goalie, their positions being filled by Shellam and Turner. Weakened by the absence of their skipper and tired from the exertion of the previous day, Tientsin failed to put up their best game, and the contest ended in a tie.

(Continued on Page 24)

图4–4 《竞乐画报》内页。

《竞乐画报》

创刊时间不详，竞乐画报社编辑发行。周刊。现存 1937 年第 11 卷第 9 期至第 12 卷第 18 期。该刊是同英文《体育周报》合并的中英文对照的体育娱乐画报。刊载的内容有世界各地体育新闻、体育赛事及体育评论文章，介绍各种体育项目，还刊登国内外运动员及体育比赛的照片、体育项目的图解、中华全国体育协进会会讯。娱乐方面，刊登国内外电影资讯、影评、明星动态及照片等。停刊时间不详。

《战事画刊 · 晋北战场特辑》

1937 年 10 月 26 日创刊。第 14 期刊出晋北战场我方主要将

图4-5 《战事画刊》封面。

图4-6 《战事画刊》内页。

图4-7　1937年10月26日第14期《战事画刊·晋北战场特辑》内页，刊出《晋北战场之我方主要将领》，有周恩来、朱德等11人的照片。

图4-8 1937年10月26日第14期《战事画刊·晋北战场特辑》内页，上刊《英勇善战屡歼顽敌之第八路军》，下刊守卫战士的3张照片。

领周恩来、彭雪枫、邓小平、朱德合影以及邓小平肖像，以上照片在《战时画报》1937 年 11 月 3 日第 12、13 期合刊一并刊出过。这些照片，沪港报刊多次刊出。

《良友战事画刊》

1937 年 8 月创刊，五月刊。是上海《良友》画报社在“八一三”抗战期间出版的图画杂志号外，16 开，以每 5 天出一期的速度向全国民众报道“卢沟桥血战”、上海“八一三”抗战前线的战况及各地抗战情况。1937 年 11 月上海沦陷，该刊仅出 19 期即被战火吞灭，但鼓舞了抗战军民的斗志，受到广大读者的好评。第 10 期刊登王小亭拍摄的《平型关我大军挺进》组照，第 11 期封面刊王小亭拍摄的《战士出发抗战，

图4-9 1937年9月21日《良友战事画刊》第7期刊出的小方拍摄的《已沦敌手之天津市》《敌故意摧毁我文化机关——南开大学已成灰烬》组照。

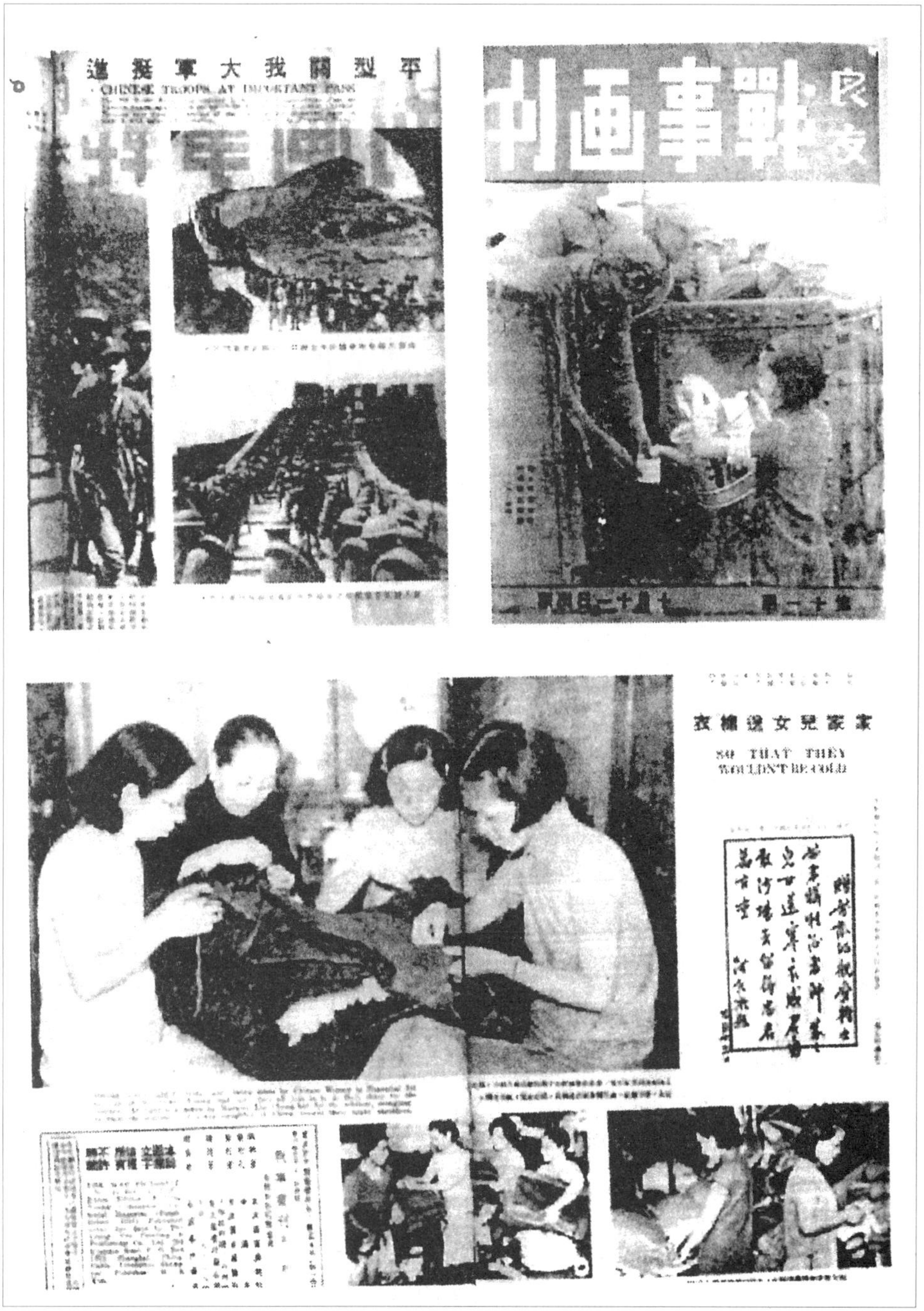

图4-10 《良友战事画刊》第10期，王小亭拍摄的《平型关我大军挺进》组照（上左图）、第10期封面（上右图），王小亭拍摄的《战士出发抗战，民众车前劳军》单幅照片及赵定明拍摄的《家家儿女送棉衣》组照（下图）。

民众车前劳军》的单幅照片，还有赵定明拍摄的《家家儿女送棉衣》组照，并刊出何香凝亲笔写的诗《赠前敌的亲爱将士》：前者牺牲后者师，家家儿女送寒衣。感君勇敢沙场去，留得忠名万古垂。

《少年画报》（其二）

1937 年 4 月 1 日创刊于上海，月刊，商务印书馆印刷发行，16 开，42 页，1941 年 11 月停刊。先后迁长沙、香港出版。现存 1937 年 4 月至 1941 年 3 月各期。主要内容：抗战写真、科学博物馆、科学知识、课外活动、飞行小史、旅行常识、气象知识、中国各民族介绍、生活科学等。发刊词中说：

本画报的使命，是用真实的图画和浅显的文字介绍各种真实的知识，满足青少年们的求知欲。俗语说："百闻不如一见。"图画的作

图4-11 《少年画报》创刊号封面。

图4-12 《少年画报》1937年8月1日第5期内页。

用在于显示事物的真实性，看了图画，不但可以在短时间内明了某种事物的真相，而且可以使所见的事物在头脑里，留下深刻印象，这就是编印本画报的意义和作用。

该画报所介绍的知识范围很广，虽然注重科学技术的介绍，但并未忽视关于社会、艺术各方面的知识。画报创办者希望读者通过此画报能活泼身心，增进工作能力，并希望海内外创办的少年读物专家、教育家、科学家、艺术家、教师、家长们对于画报的编制予以积极的批评和指教，使这份少年刊物日益进步，成为全国少年的良师益友。

《抗日画报》

该刊为《新生画报》号外，上海新生出版社，1937年9、10月刊行，现存第2–12期。

國共合作

奔走國共合作之中心人物周恩來氏

Chow Eng-lai, the center figure in negotiating the union.

第八路軍總指揮朱德氏

General Chu Teh, the Commander-

图4–13 1937年10月《抗日画报》第11期内页，刊出《国共合作》一文，右上《奔走国共合作之中心人物周恩来氏》，左下《第八路军总指挥朱德氏》。

《抗敌画报》（其一）

上海抗敌画报社出版，1937年9–11月刊行，现存1937年9月第2期。

《抗战画报》

上海抗战画报社出版，三日刊，1937年5月6日创刊。

图4–14 《抗日画报》封面，刊出第八路军总司令朱德在晋北抗日战场前线的照片。

图4–15 1937年11月15日《抗敌画报》第10期“晋北八路军特辑”刊出的《八路军的中坚》。

图4–16 1937年10月23日《抗战画报》第2期内页，刊有照片《大同公路中之运输队》《华北高射机枪队赴前线布防》。

國共合作 全面抗戰

築成血肉長城 奠定民族團結基礎

我國飽受暴日之侵略壓迫，鬱結悲憤已達極點，蘆溝橋槍聲既起，我國存亡之最後關頭已至，民族危機，繫於一髮，我中樞要人，自蔣委員長以次，咸抱抗戰決心，久已分岐之中國共產黨，乃在同一抗日目標之下，提出奮鬥標的，與同胞一致努力，發表宣言，取消蘇維埃政府，以期全國政權統一，改紅軍爲國民革命軍，担任抗戰前線職責，我中央蔣委員長談話，亦鄭重指出兩黨精神團結，同赴國難之必要，自我此全國民族，真誠團結之基礎，得能奠如磐石，本兄弟鬩墻外禦其侮之古訓，予侵略我國者以迎頭痛擊，爲我偉大而悠久之民族，啓發其不可輕視之光明前途，誓死殺敵，永矢勿忘，小勝不驕，小敗不餒，而其最後之勝利，固尚待我全國同胞一致努力也。

華北高射機槍隊赴前綫防衛

Our anti-aircraft gun units.

同公路中之運輸隊

The transporta

units at Tatung.

图4–17 1937年10月23日《抗战画报》第2期内页，刊有《凭我血肉守此天险》系列照片8幅。

图4-18 《青年知识画报》封面。

图4-19 《青年知识画报》内页。

《青年知识画报》

创刊时间不详，大中国出版社编译部编辑，发行人屠诗聘。中国图书杂志公司出版，半月刊，在上海出版，1937年12月至1941年11月刊行，出版了8卷，是上海处于“孤岛”时期最先出版的一份画报，16开。内容有军事知识、科学常识、政治动态、各国风俗、世界奇迹等，图片以科学新闻照片为主，文字内容大多译自外国科学画报和杂志，几乎没有触及中国抗战的内容，却刊载了介绍希特勒生平、捷克亡国前后、法国马其诺防线及一些奇闻异事的照片。这份知识性画报出现于“孤岛”初期，一方面反映了当时出版物的艰难处境，希望避开民族矛盾这一尖锐主题，但无形中仍难免显露其政治倾向。如它曾以十余幅照片介绍希特勒的帮凶空军元帅戈林自1917年至1937年的政治生涯，为法西斯张目，影响很坏。《青年知识画报》出版达 4 年之久，发行了 8 卷，直到上海全部沦陷才停刊。

《沙漠画报》

1938 年 4 月 16 日创刊于北京，周刊，每周六出版，后改为半月刊。16 开，12、20、24 页不等，新闻纸、铜版纸印刷。发行人江汉生，主编先为张铁笙，后是江汉生，摄影记者严义，法律顾问高承恩、赵世泰。1943 年 11 月停刊（一说 1943 年 7 月停刊），共出版 192 期。主要刊登社会名流、影星、交际花照片和文艺作品，介绍风情、民俗、小故事等。

图4-20 《沙漠画报》封面。

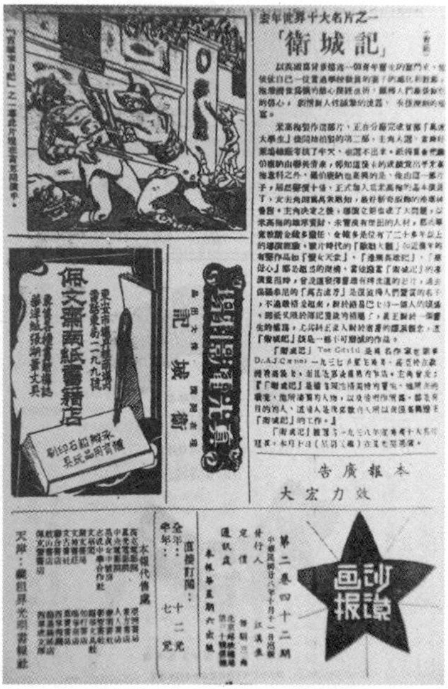

图4-21 《沙漠画报》内页。

《八路军杂志》

1938 年在延安创刊，刊行期较久，每期刊出抗日军民战斗与生活、学习的照片很多，在西安制版。

《抗敌画报》（其二）

在皖南经县云岭出版，1938 年刊行，石印。

《战动画报》

第二战区编辑，1938 年创刊。署名为“第二战区民族革命战争战地动员委员会宣传部”编。

《抗敌画报》（其三）

编辑兼发行人钱东生，社址在长沙下学宫街 29 号。8 开 2 版，中折未留缝，旬刊。石印，每期刊木刻画 3 组，每组 4–8 幅，白报纸印。皆宣传抗日，每期刊头为时人画像与宣传画。1938 年 6 月 10 日出版第 1 期，1938 年 6 月 20 日出版第 2 期，1938 年 6 月 30 日出版第 3 期，1938 年 7 月 10 日出版第 4 期，1938 年 7 月 20 日出版第 5 期。

《首都画刊》

北平“新民会首都指导部”为日寇宣传创办的画报，1938 年 11 月至 1939 年 8 月出版第 5–14 期。

《大地画报》

1938年11月创刊，香港大地画报社出版，马国亮主编，编辑为丁聪、莫康时、鲍昌怀，督印人曹克安，发行人李青，较为真实地反映了战时生活。8开，每期36页。代售处在南洋各地、重庆、美国、古巴等。1941年3月3日出版第15期。1939年春在上海出版3期，后来停刊，至1940年5月在香港出复刊号，最后发行至1941年11月。

该刊发表的图片多由去内地的摄影家、记者所提供。第1期刊载顾廷鹏拍摄的《江西德安战役》、俞创硕拍摄的《洗不掉的血污》等专题摄影报道，以及反映延安抗战女青年活动的《红色的女儿》组照。《大地画报》的主要读者对象是港澳同胞、海外侨胞与华人。它宣称："订阅《大地》一年，将免费寄赠军委会政治部编印的《日本暴行的真实记录》图片集一册。"《大地画报》各期相继刊出一些引人注目的特稿，如《张发奎将军》(苏联记者卡尔曼摄)、《华南军事的新策动》组照(伍千里、夏晓霞摄)、《美国作家史诺访问记》(附丁聪、黎冰鸿为他画的速写像)、《新四军：沦陷区中打击日军的劲旅》(组照，吴宝基摄)等。1941年10月，《大地画报》出版至第20期后，又增编《摄影美术》专页，刊出罗寄梅等人拍摄的《劳军影展》《海滨摄影》《摄影趣味》3组照片。《大地画报》第21期系"重庆专辑"，印刷期间日军攻占香港，太平洋战争爆发，此时最后一期画报已印好，不及发行即全部抛入海中。

1940年9月出至第13期，封面为西北后方重镇的兰州，由中国制片厂姚士泉拍摄，第2页整版刊兰州、黄河铁桥照片，第3页刊有抗战之蒙旗照片3幅，第4、5页刊抗战之蒙旗照片7幅，第6-8页刊宁夏特写照片16幅，第9页刊黄河皮筏照片

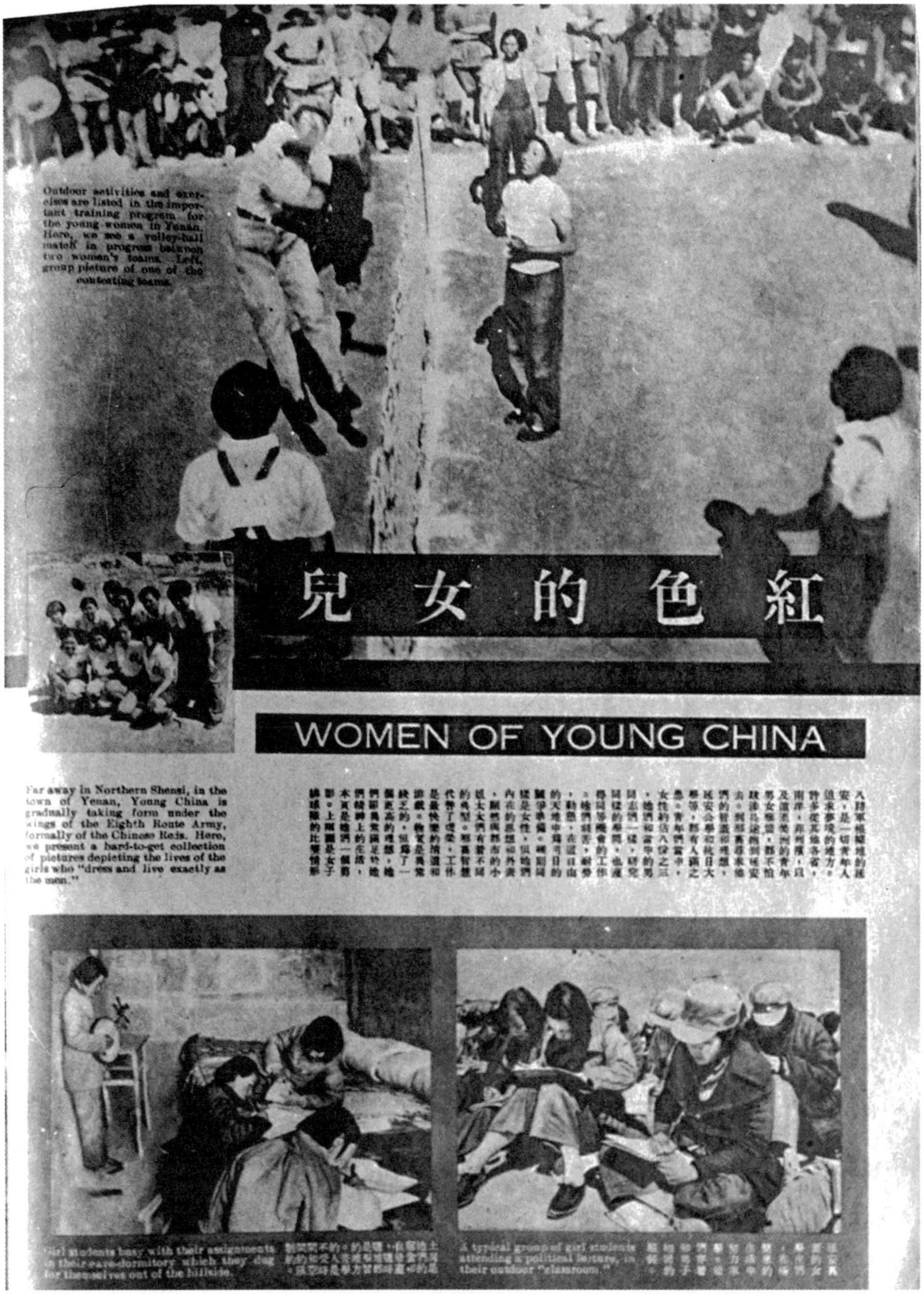

图4-22 1938年11月15日《大地画报》第1期刊出《红色的女儿》系列照片3幅，显示我国各个城市女青年奔赴延安抗日的工作、宣传、学习生活情景。

图4–23 1938年11月15日《大地画报》第1期刊出《红色的女儿》系列照片7幅，刊有6位从城市奔赴延安的女青年半身像，下刊女青年在延河浣洗、饮水的照片。

3幅，第10、11页刊“水——西北之血液”照片7幅，第12、13页刊遂宁富源照片7幅，第14、15页刊“西北之动脉——甘青大道”照片8幅，第16、17页刊青海的民族照片12幅，第18、19页刊塔尔寺祈祷抗战胜利照片8幅，第20、21页刊中国电影制片厂徐创模拍摄的回民大学照片6幅，第22、23页刊姚士泉拍摄的欢送青海战士出征、番族男女歌舞盛会照片8幅，第24、25页刊沈逸千、姚士泉拍摄的艺术工作者在西北的照片10幅，第26页刊西北摄影记者姚士泉写的文章并附有他骑马的照片，第27页刊蒋某视察川政在广汉县政府前的照片5幅。第28、29页刊“忠义千秋——张自忠将军之荣哀”照片3幅，之下刊战士救星雷鸣远病逝照片2幅。雷鸣远为比利时人，加入中国籍，在中国办慈善事业和报纸，抗日时组织救护队，在各地救护。第30、31页刊“辜负了如此河山”照片6幅，当时法国风景如画，但为敌所占，第32、33页刊德军空降部队训练及实战照片9幅，第34页刊空降兵照片1幅、画6幅，第35页刊德国战争照片1幅、画2幅，第36页刊“鄂北捷报——枣阳光复实况”照片6幅以及陈嘉庚与李宗仁合影1幅。

《中国画报》（其五）

美商英文大美晚报馆出版，半月刊，在上海出版。1938年3月至1939年10月刊行，共出版15期，8开。主编即《大美晚报》的美国人高尔特，发行人兼社长为美国人史塔尔。1939年11月，该刊与大美晚报馆另一画报《大美画报》合并，取消《中国画报》之名，专称《大美画报》。《中国画报》称自己的刊物为“中间立场”，报道中日双方情况，从全部材料来看，基本上是倾向中国的。创刊号上刊载日本战俘及我军击落日本飞机的照片，称我军为“华军”，褒扬中国飞行员。称北平汉奸政权为“伪政权”。该期还载有意大利空军协助日本轰炸南昌航空学校的内容。第6期以八路军朱德总司令的照片为封面，并介绍八路军的情况。第7期介绍徐州会战中台儿庄我军大捷，并以日本空军战俘照片作为封底。所有画报上的照片均未署名，这也是为摄影记者的安全考虑。

图4-24 1938年9月1日《中国画报》封面。

《大美画报》

1938年5月创刊（一说创刊于1939年5月）。以美商大美晚报名义出版，编辑高尔特，发行人史带，实际是由赵家璧、张旭、伍联德等人主持。半月刊，现存1938年第1卷第1期至1939年第3卷第9期。该刊以在“孤岛”时期“使大众能知天下事”为宗旨，发表了大量抗战初期国共合作、全国军民奋起抗日的摄影图片，如《台儿庄战役》《八路军、新四军雄姿》等。第1–9期封面分别印有国共双方军政要人的照片，如蒋介石、李宗仁、毛泽东、朱德、周恩来等，体现了拥护国共合作、

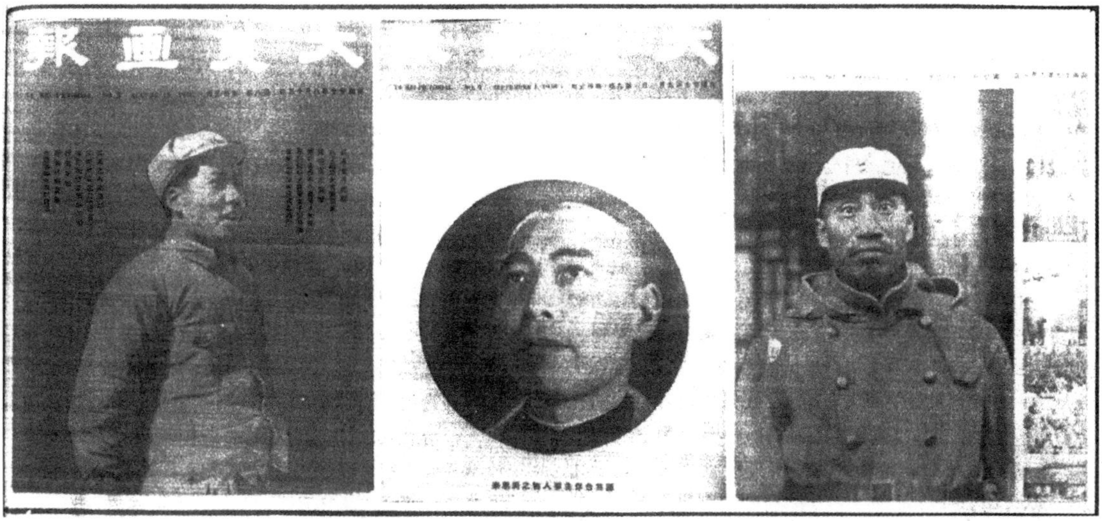

图4–25 《大美画报》的三期封面，分别是领袖毛泽东、周恩来、朱德的照片。

图4–26 《大美画报》第2期刊出的《忠勇善战的八路军面面观》系列照片。

图4–27 《大美画报》第6期刊出的《西北抗战教育的摇篮》系列照片。

图4–28 《大美画报》第6期刊出的《肤施的文化阵线》系列照片。

一致抗敌的爱国立场。1939 年 11 月停刊。创刊号刊用了高尔特到汉口、广州访问蒋介石、宋子文、孔祥熙、叶剑英、冯玉祥等军政要人的照片，反映了武汉“四二九”空战，以及广州被炸的情况。第7-9期，分别以朱德、毛泽东、周恩来3位八路军领导人的照片做封面。第9期还报道了上海纪念“八一三”事件1周年的情况。这天，租界里的中国人均悬挂国旗，以示纪念，3个日本人驾车到劳勃生路，强迫华人将国旗摘下，在场的美军加以制止，双方拔枪相向，日本人想逃走，被美军拖下。英文《大陆报》摄影记者乔治·莱克斯拍摄了现场照片，交美联社对外发稿。第2卷第1期刊载全民社反映武汉军队和文化人的照片。第3期刊载张源恒拍摄的“重庆、贵阳见闻”，第4期刊吴宝基拍摄的“川军在皖南”，第5期刊焦超拍摄的“四行仓库八百壮士”滞留租界内的生活照片。这些照片鼓舞了“孤岛”上的中国人民对抗战必胜的坚强信心。

《远东画报》（其一）

美商大美画报社出版，月刊，在上海出版。从1938年6月刊行至1938年8月，仅出版4期就被日本人和法租界当局强行命令停刊。画报创刊号介绍了蒋介石、白崇禧、阎锡山等抗日军政要人，第2期介绍了马克思和苏联的情况，第3、4期介绍了八路军的情况。《远东画报》被强行停刊后，立即改名为《远东摄影新闻》，继续向读者介绍后方及全世界发生的重大新闻。至1939年1月以后，未见其出版。

《中国画报》《大美画报》《远东画报》与《远东新闻摄影》画报均是美商英文大美晚报馆出版的，为什么在2年内会出现4种画报，这是由于当时特殊环境造成的。大美晚报地处法租界内，是在美国注册的大美印刷公司所办，他们在上海出版了英文《大美晚报》和中文《大美晚报》，社长史塔尔和总编辑高尔特，这些人是中立的新闻记者，感情上是同情我国抗战的，在《大美晚报》工作的中国人是热爱祖国的，他们身处逆境，利用“美商”这块牌子，和全上海爱国的新闻工作者紧紧团结在一起，不畏艰险地与日伪斗争，有的甚至为此牺牲生命。

《东西画报》

1938 年 4 月在上海出版，刊物上没有发行人和主编的名字，说明其背景可疑。发刊词上说：“这是一本东西有兴趣的或有文化价值的画报，我们希望用此报以增进东西民族的亲善，且能得到互相谅解。”第 1 卷 1 期刊有 1938 年 3 月南京伪政府成立，汉奸梁鸿志与日本灿俊六大将握手、南北汉奸头目梁鸿志与王克敏见面等新闻照片；第 2 期刊有“维新政府”迁入上海市政府；第 5 期刊出意大利集中战舰 200 艘供希特勒检阅。从这些材料已不难看出它的背景。此报出版了 4 期，1938 年 8 月改名为《中西画报》，似乎是感到“东西”二字不好听。

《大路》

8 开，综合性图画月刊。1938 年曾在上海出版过 3 期（另有记载为：1939 年 2 月创刊，在上海出版了 3 期，曾停刊一年），由楼适夷、钱君陶、马耳锡金负责编辑。从编辑到作者、摄影记者、特约撰稿者，多为名家和进步人士。《大路》画报注重选用成组的抗战新闻图片，曾刊出沈文邦拍摄的“新四军的政治工作”以及“上海悼念坚守四行仓库的谢晋元团长”“重庆被炸惨状”等专题摄影报道。该报在香港出版 9 期，至 1941 年 5 月停刊。画报第 2 期介绍新四军领导人叶挺、项英和新四军教导队，以及冯玉祥所作的歌词《当兵去》。第 3 期刊有新华日报记者陆诒、张企程采访，沈逸千、顾廷鹏拍摄的南昌会战，

图4–29 1939年3月15日《大路》第2期，刊出新四军的街头壁报《老百姓》。

图4–30 1939年3月15日《大路》第2期刊出新四军副军长项英的照片。

图4–31 1938年《大路》第6期刊出《北国之旅》照片4幅，陆贻拍摄。

孩子剧团以及参加过平型关战役，身着日军大衣的八路军模范排的照片。第 4 期复刊号于 1940 年 5 月在香港出版，楼适夷写了复刊词，说明复刊经过。这期刊有重庆战时陪都、“四行孤军八百壮士”的活动、日本俘虏等照片。

《东方画刊》

1938 年 4 月在香港创刊，8 开，主要刊载抗战时事新闻图片，编辑兼发行人史谷光、黄觉民，商务印书馆香港分馆印刷出版。该刊于 1941 年香港陷落时停刊，总计出版 40 期。其创刊词说：“本画刊创刊于全国一致抗战图存的时期中，旨在将全民在时代前所表现的精神及其一切活动，用真实的写真尽量反映出来。兼收关于新知识及调剂奋斗生活的材料。”说明用中英文对照。全部用影写版印，印制精美。

该刊重视编发反映华北、西北抗日根据地建设的专题摄影报道。如第 1 卷第 4 期刊出的《晋察冀边区》剪影，内有《活跃于恒山山脉之游击军行列》《五台山各寺院喇嘛武装参战》《插箭岭长城一角》等 5 幅照片；第 1 卷第 7 期又刊出《延安的文化机关》组照，内有《毛泽东在延安》《抗大学员生活》《延安工人俱乐部》《戏剧学校的女生》等 10 幅照片，摄影者未署名。第 2 卷第 7 期刊出韩树勋拍摄的《新的人物，新的气象，新的陕北》照片，内有毛泽东、徐特立、贺龙、林彪等的肖像及《毛主席在抗大演说》《抗大学员日常生活》等 9 幅照片。

该刊还及时刊登报道武汉、重庆等地的抗战新闻照片。如第 1 卷第 7 期刊出的《武汉妇女制作慰劳袋分送长江前线抗战将士》（武汉新闻摄影社摄）、《武汉举行“八一三”周年纪念大会》（中新社摄）、《武汉图界举行保卫大武汉大巡行》（全民社摄）等照片，

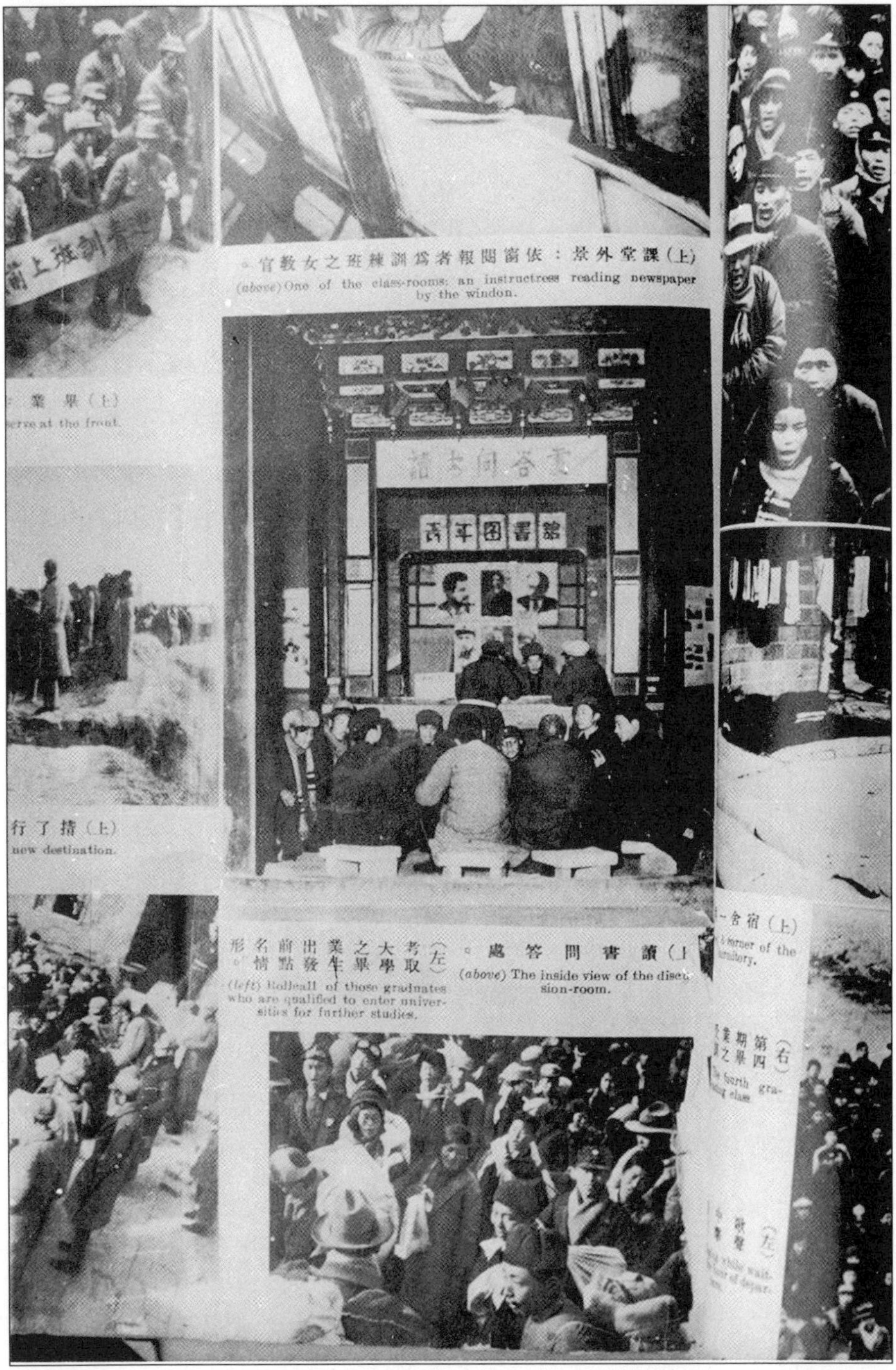

图4-32　1938年4月《东方画刊》创刊号，刊照片8幅，中间刊有1幅“读书问答处”的照片，中间有列宁、斯大林像。

图4-33 1938年《东方画刊》刊出的革命圣地延安战时景象。

图4-34 1938年6月《东方画刊》第3期刊出谢冰心前往鲁南前线慰劳将士的照片5幅。

图4-35 1938年11月《东方画刊》第8期封底刊出《宋庆龄与世界妇女反战委员会代表何尔登夫人》照片。何尔登夫人是反对日本侵略中国的。

图4-36　1940年5月《东方画刊》第3卷第2期刊出反映1940年日据上海真相的照片：《有钱人歌戏欢乐》《穷苦老百姓苦难生活》等，焦超拍摄。

以及后来刊出的反映1939年日寇对重庆大轰炸的《重庆血屠》等组照。

1938年6月第1卷第3期存有残本，封面为蒋、宋合影套色印照片，无页码。第1页刊蒋介石与李宗仁合影，第2页刊白崇禧在鲁南前线的照片，第3页刊台儿庄未毁前和毁后的照片共5幅，第4页刊光荣的台儿庄大战照片。第5页为残页，可见的有中央电影厂拍摄的地雷爆炸的照片，未署作者名。第6、7页也为残页，刊徐州大会战照片，可见的有4幅。第8页刊袭粤敌机的终局、击毁日机的照片 5 幅。第 9 页刊署名 Wav 的照片 5 幅。第 10 页刊战事照片 10 幅。第 11 页刊有游击队活动照片 2 幅。第 12 页刊时事写真照片，其中有劳工在汉口的照片 1 幅。第 13 页刊时事写真照片，有重庆与江巴两县劳动节的照片 1 幅。第 14、15 页刊桂、汉儿童节照片各 1 幅。第 16 页刊“五四”运动照片，刊广州举行“五四”纪念会照片 3 幅，学生劳动军照片 2 幅。第 17 页刊驻英大使呈递国书照片 4 幅。第 18 页刊广西女学生军照片 5 幅。第 19 页刊有英国妇女从军服役照片。第 20 页刊捷克斯洛伐克照片 10 幅。

《战时画报》

香港人马国亮主编，余汉生发行。1938 年 4 月出至第 55 期。

图4-37 1937年10月30日《战时画报》第18、19期合刊封面。

图4-38 1937年10月30日《战时画报》第18、19期合刊刊出的第八路军副总指挥彭德怀在太原文化界欢迎会上演说的照片（图左），以及八路军游击队黑夜出战组照（图右）。

《阵中画报》

先后在汉口、桂林出版，1938年7月至11月出至第37–55期。

《战事画报》

在《战时画刊》基础上改用此名，在香港出版。五日刊。1938年1月创刊，至6月出版第7期。第4期为“八路军抗战特辑”，第6期为“台儿庄专号”，第7期为“第五路军抗战专号”，此刊与之前章节列举刊物同名，但刊期与编号不同。

《大时代》

大时代画报社编，1938年刊行至第8期。半月刊。

《大时代图画杂志》

大时代杂志所编，月刊。1938年7月至1939年6月出至第14期。

《滑稽》

图画周刊，在上海出版，1938年7月至1941年3月刊行至第146期。

《建国画报》

创刊时间不详，旬刊，建国画报社编辑出版。主要内容有时事漫画、木刻版画、摄影作品、战地通讯、抗战中忠烈故事，以及配画的短篇小说、诗歌、戏剧等，现存1939年8月至1940

图4-39　1938年1月《大时代》创刊号封面，注有“中日战争特辑”字样，照片拍摄者为老舍。

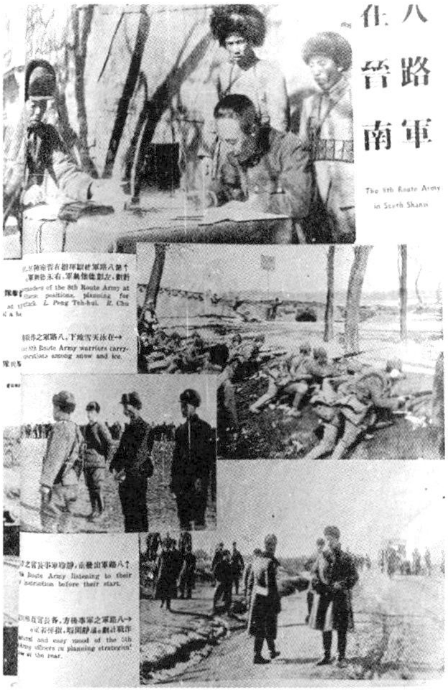

图4-40　1938年《大时代》第3期刊出的《八路军在晋南》照片6幅。

图4-41　1938年《大时代》刊出在晋南群山中神奇莫测之游击队照片4幅。

图4-42　1939年1月《大时代》第10期刊出的孙中山先生的照片，刊有文字“艰苦卓绝、抗战楷模”，以激励军民坚持抗战到底。

年 5 月第 18–37 期。停刊时间不详。

《新中华画报》

1939 年 6 月创刊于上海，月刊，日本人出资，汪精卫政府创办，新中华画报社出版。主编兼发行人伍麟趾，新中华画报印刷局印刷，16 开，40 页，每月月底出版。1944 年 4 月终刊，共出版 6 卷 4 期（共 64 期）。该刊完全站在日伪立场，为日伪的侵略行径摇旗呐喊。现存 1939 年第 4 期至 1944 年第 6 卷第 4 期。全部为新闻图片，并配有中英文对照的说明文字。内容有中外战事情况、各地风物、中外体育娱乐，偶有漫画。

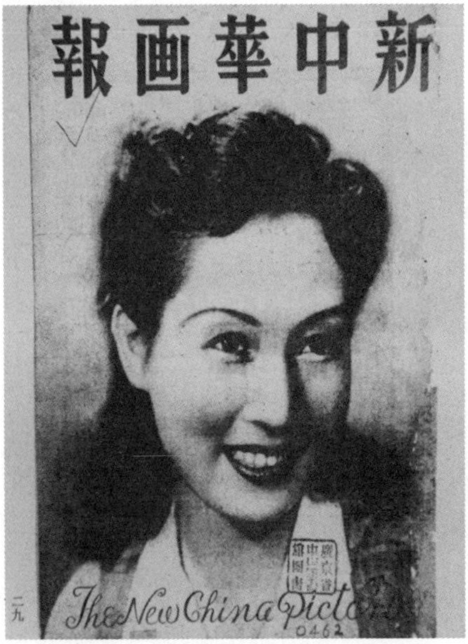

图4–43 《新中华画报》封面。

图4–44 《新中华画报》内页。

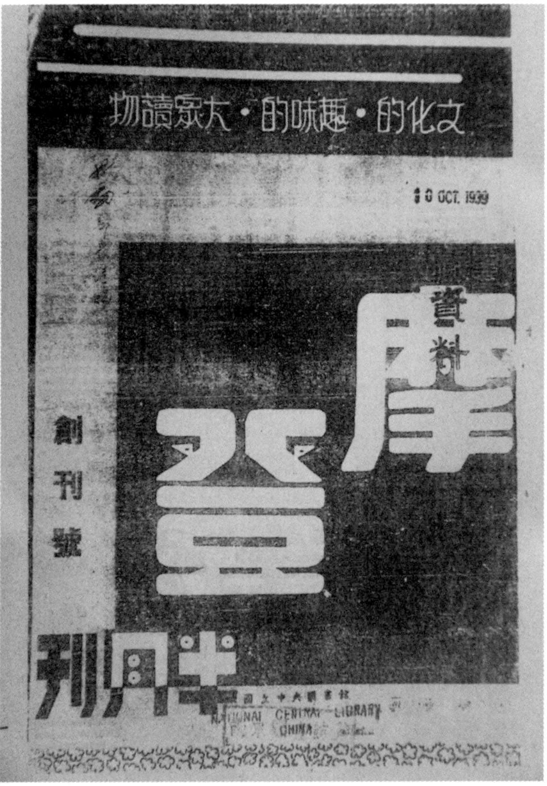

图4-45 《摩登》封面。

图4-46 《摩登》内页。

《摩登》

1939 年 9 月创刊。半月刊，现存 1939 年第 1 卷第 1 - 6 期。是一份追求文化性、趣味性的大众读物。其宗旨是使大众获有摩登的知识，了解摩登的生活，认识在战争时期应有的责任。内容以刊登二战时期欧洲战场的战况为主，有“欧洲大战特辑”“欧洲弱小民族特辑”“西南现况特辑”。还设有“国际秘话”“欧战半月志”“上海趣味”“人物 · 风土 · 山水”“作家芳踪”“新秋小品”“海外文坛”“科学界”等栏目，偶有漫画。

图4–47　1940年6月1日《第二次世界大战画报》第2期封面。

图4–48　1940年6月1日《第二次世界大战画报》第2期刊出的照片。

图4–49　《第二次世界大战画报》第6期刊出美国新闻摄影员拍摄的《活跃在杜佛前线》的摄影报道。

《第二次世界大战画报》

该刊为《良友》图画杂志号外。1939 年 9 月至 1941 年，上海沦为“孤岛”期间，由美商良友图画杂志社不定期编辑、出版，刊出了世界人民反法西斯战争初期的一些新闻图片。

《首都画刊》

日伪刊物。“新民会首都指导部”指导科宣传股编，月刊，16 开，1939 年 1 月 1 日出版第 1 期新年特大号，刊有“首都”民装照片 5 幅，日寇检阅四部自卫团照片，北郊农村实验区照片 9 幅，反共活动照片 2 幅，“临时政府”成立一周年庆祝大会照片 7 幅，各级职业分会在怀仁堂照片 5 幅，“农民反共之热情之周边模范村”照片5幅，施粥厂照片5幅，“首都”街头景象照片5幅，南郊农民献匾大会照片3幅，“首都”大事记照片3幅。

《十月画刊》

大众航空社出版，1939年12月出版。

《369画报》

三日刊，北平出版，1939年11月至1944年12月出版，后因其为日寇侵略中国张目，抗日胜利后主编被严惩。

图4-50 《369画报》封面。

印度咽喉西蘭島近狀

图4-51 《369画报》内页。

《伶星画报》

余寄品编，创办于香港，1939 年 4 月至 1940 年 2 月出版。

《世风》

画报，上海中国图书编译馆编印，1939 年 9 月至 11 月出版第 1-3 期。

《展望》

图画杂志，上海中国科学公司展望画报社出版，1939 年 1 月至 1941 年 2 月共出版 21 期。陈频舟编，陈龢一发行。除报

图4-52 《展望》封面。

图4-53 1939年5月1日《展望》第5期，刊出1938年3月8日邓颖超在重庆三八妇女国防大会上讲话的照片。

道抗战新闻、介绍大后方生活和展现城市风光外，还时有摄影创作专页，这是抗战后画报中不太常见的。第 6 期刊有郎静山的《秋意》、魏南昌的《回春曲》、詹新吾的《国魂》。第 8 期刊有冯四知、李萍生、王劳生、沈新三等摄影家的作品。关于抗战，第 4 期介绍了中国机械化部队，并报道了东江军民抗战的情况以及鄂中战讯。第 7 期以《重庆在烈焰下》为题，反映 1939 年重庆“五三”“五四”大轰炸后的情况。第 8 期介绍云南至河内的“中法国道”等内容。

《少年中国画报》

1939 年 12 月创刊，少年中国画刊社编，周刊，至 1941 年 9 月出版了 14 期。

《今日中国》（其二）

1939 年 7 月在香港创刊，国民政府军委会政治部第三厅主办，以对外宣传中国抗战为主要目的，由漫画家叶浅予任编辑，今日中国出版社出版。8 开，图文并茂，用中、英、法、俄四种文字编写说明。它刊用各摄影通讯社提供的新闻照片，也刊登摄影家在大后方所拍的各种照片，如郎静山拍摄的《滇蜀之旅》等。从 1939 年 7 月至 1941 年 3 月，共出了 24 期，1941 年 3 月停刊。以国外人士、特别是各国首脑、政府官员、社会名流、使领馆人员为阅读对象。创刊号报道重庆火炬游行、青年武装农民、四川风景等。1940 年 9 月第 2 卷第 12 期刊载了郎静山在四川、云南拍摄的《滇蜀之旅》组照 40 余幅，并报道了大后方动态、生产建设情况和地方风光。叶浅予主编到第 12 期为止，后由他人主编。

《世界画报》（其四）

图4–54 《世界画报》封面。

1939年1月创刊，上海世界画报社编印，半月刊，新闻照片来自各国大使馆和外国通讯社。内容以反映世界新闻为主，第7期起增加了中国的内容。第1、2期反映“希特勒德国”近况、美国扩军备战；第3期介绍德国闪电战；第4期介绍英法军力；第5期为美国与欧洲特辑，介绍英德海空大战，称日本为x国；第7期将中、英、法、德空军照片平列对待，以示“中立”。由于在上海出版，所以只能以中立外衣保护自己。此刊出至1941年4月停刊。

《天下》

1939年6月在香港创刊，综合性图画半月刊，8开，总编辑兼督印人梁晃，天下图书出版公司出版。它以发表国内国际各种新闻图片为主，同时选登摄影艺术作品，如第15期刊出《伦敦沙龙摄影名作选》《香港摄影家的新作》等。《天下》总共出版25期，1940年6月停刊。

《大众画刊》

福建沙县福建军管区编印，1939年1月创刊，至1941年刊行了31期。

《十日画刊》

1939年12月创刊，梁又铭等作画，大众航空社出版。

《电影新闻》

图画周刊，在上海出版，1939年3月出至第4期。

第二节 1940-1945 年画报画刊出版

在这 6 年间，出版的画刊从名称上来统计有 300 多种，关于抗日战争内容的画报更多。画刊对宣传动员全民族抗日起到了非常重要的作用。

抗日战争后期，中国共产党所领导的根据地、游击区生活条件十分困难，出版物资极度匮乏，但是仍然群策群力、因陋就简出版了许多及时反映战争情况、鼓舞群众抗日斗志的画报。这些画报虽然印刷质量还很粗糙，但在当时却起到了非常大的社会作用，社会影响也非常大。

《战时后方画刊》

创刊时间不详，半月刊，在成都出版，成都战时服务团的战时后方画刊社编辑出版。主要内容是宣传抗战形势，动员全民抗战，军民合作并附有版画、漫画、木刻画等。现存 1940 年 7 月至 1941 年 5 月各期。停刊时间不详。

《铁风画刊》

1940 年 6 月 15 日创刊，成都铁风出版社出版，成都铁风画刊社发行，1941 年 2 月出至第 7 期。胡克明、王树刚编辑，主要内容是有关空军及陆军抗战前方战士的漫画及版画，现存 1940 年 6 月至 1941 年 2 月各期。停刊时间不详。

《华北映画》

1940 年 11 月 15 日创刊，旬刊，负责人李槐流，电影杂志。停刊时间不详。

《游艺画刊》

1940 年 4 月创刊，半月刊，负责人潘侠风。文化娱乐画刊，16 开，每期 28 页。以发扬戏剧功能、评定艺术价值、提倡正当的娱乐为宗旨，主要刊载戏剧评论、剧种介绍、戏剧常识、戏剧名伶剧照和生活照。对国内外电影动态、电影明星也有介绍。停刊时间不详（一说 1945 年 9 月停刊，共 11 卷 5 期）。现存 1940 年 4 月第 1 卷第 1 期至 1945 年 9 月第 11 卷第 5 期。

《国际图画杂志》

上海国际图画杂志社出版，1940 年 6 月至 8 月出版第 2–4 期。

《工会画刊》

月刊，在甘肃宝鸡出版，1940 年 12 月至 1941 年 4 月出版第 2–4 期。

图4-55 《游艺画刊》封面。

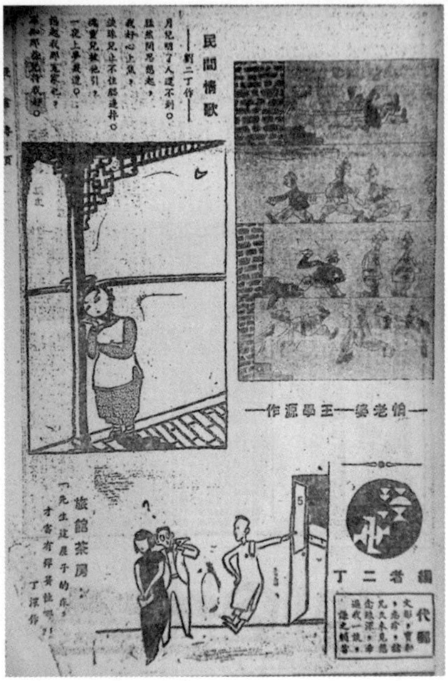

图4-56 《游艺画刊》内页。

《胜利画报》（其二）

1940 年创刊，胜利画报社编印。

《抗建画刊》

抗建画刊社出版，1940 年 1 月至 1942 年 7 月出版第 1、2 卷，现存第 8 期。

《抗战通俗画刊》

月刊，抗战通俗画刊社编，在重庆出版，1940 年 2 月至 1941 年 1 月出版第 2–8 期。

《中国画刊》

主编郭冷丁、黄至诚，发行人郭冷丁，西安中国出版社发行，西安中国文化服务社西安分社发售，西北文化日报社印刷。16 开，土纸印，每期 24 页。现存 1940 年 6 月 1 日第 11 期，图文并茂，刊有散曲、艺术界消息，封面有黄至诚题字“节衣缩食奉现国家”，封面的画中有“国家至上”四字，第 2 页刊有增加生产的图画及文字“供给前方将士的夏衣”。第 3 页上刊有“仇志难逃一背红”，下刊“纠正醉生梦死的生活”。

《大众画报》（其二）

1940 年中国美术家协会晋西分会编印。抗战开始后，东南各省市的电影、戏剧、美术等十多个团体，分别组建电影家抗敌协会、文艺家抗敌协会、戏剧家抗敌协会、美术家抗敌协会，由政治部副部长周恩来同志领导，郭沫若任第三厅厅长，专门负责抗敌文宣工作。各个协会负责安排抗日宣传节目，在街头及农村演唱，激起大众抗日情绪，还曾带领各个协会到西北考察各地分会的工作。他们回到重庆后，老舍写了西北考察报告，他说分会缺节目题材，物资也短缺，上面应给予帮助。

《儿童画刊》

1940 年创刊，中国儿童教育协会主编，上海中华书局发行。

《抗战画刊》

唐性天发行，重庆华中图书公司出版，月刊，1940 年 4 月出至第 2 卷第 3 期。

《征训画报》

四川省军管区编印，1940 年 6 月出至第 3 期，1940 年 8 月出至第 4 期。

《妇女新都会》

1940 年 1–7 月刊行，已出版 104 期。

《大陆画报》

大陆画报社编，周星衢发行。1940 年 7 月出至第 10 期，8 开，36 页。刊载战时大后方工业的照片，桂林、西北地区风光照，沦陷时的上海公共租界收容乞丐的照片等。还刊有著名摄影家刘旭沧、王劳生等人的作品。出版地待查。总经销处为新加坡正兴公司，在重庆、昆明、桂林等地亦有发售。

《工合画刊》

中国工业合作协会西北区办事处晨钟、王亚平主编，月刊，1940 年 10 月 1 日创刊。抗战初期，协会主持将东南沿海地区的科技、工业设备迁往大西南。

《国际》

1940 年创刊，陈频舟主编，上海图画杂志社印行。

《抗建通俗画刊》

在重庆出版，1940 年 4 月出至第 4 期，1941 年 3 月出至第 9 期。

《图画新闻》（其二）

香港英国情报部编印，1940年创刊，至1941年出至第34期。在香港出版，多为新闻照片。

《青年良友》

1940年3月至1942年7月刊行，8开，是较早出现的日伪画报，它用“良友”二字来迷惑读者。第3期出版替汪精卫作汉奸宣传的“和平救国运动特辑”，汉奸面目暴露无遗。

《远东画报》（其二）

1940年3月创刊，用上海壁恒公司的名义发行。此时正是希特勒将在欧洲向英、法、比利时、荷兰、挪威发动闪击战之际，该创刊号就用15页的篇幅，吹捧第二次世界大战的罪魁祸首希特勒。在刊登的题材中，大量散布为德、意、日法西斯轴心张目的宣传内容。此刊于太平洋战争爆发后的1941年1月改名为《东亚联盟画报》，月刊，东亚联盟广州分会出版，1942年8–12月出版第7–10期，1945年2月停刊。此刊为时事政治画刊，刊登内容有时事和政治评论、生活和艺术摄影，形式有图片、漫画、连环故事画、美术作品等。该刊为日寇侵略我国的宣传画报，内容胡言乱语。

图4–57 《远东画报》封面。

《新广东画报》

1941年4创刊，月刊，广东省宣传处出版，同年8月停刊，主要内容有时事和生活图片、世界瞭望和珍闻、时局评论文章等。

图4-58 《新广东画报》封面。

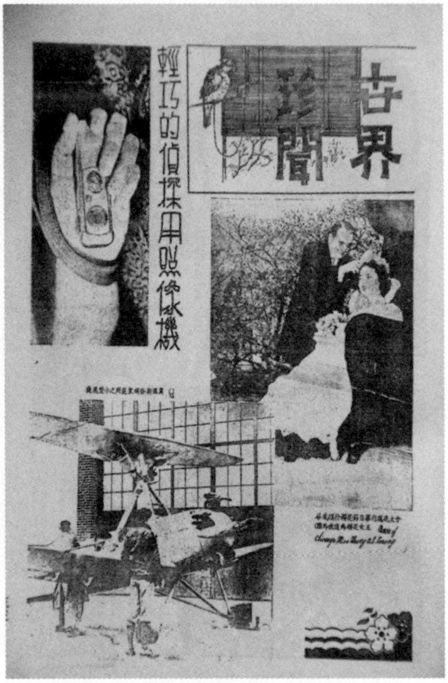

图4-59 《新广东画报》内页。

图4-60 《建军画报》封面。

图4-61 《建军画报》内页。

《建军画报》

1941 年 4 月创刊，月刊，广东省兵役宣传委员会编，同年 12 月停刊。主要内容有木刻、漫画、素描、连环画等图画，和抗战故事、战时美术理论等文字。重点是宣传抗日、鼓舞军队的士气。

《前线画报》（其一）

延安八路军总部出版，魏传统主编，江丰、田野、蔡君虹、华君武、陈叔亮等编辑。以上几位是摄影、绘画、编辑方面的著名人士。1941 年 10 月出版第 36 期，16 开。

《解放画报》

晋察冀军区政治部编辑出版，是华北敌后抗日根据地最早创

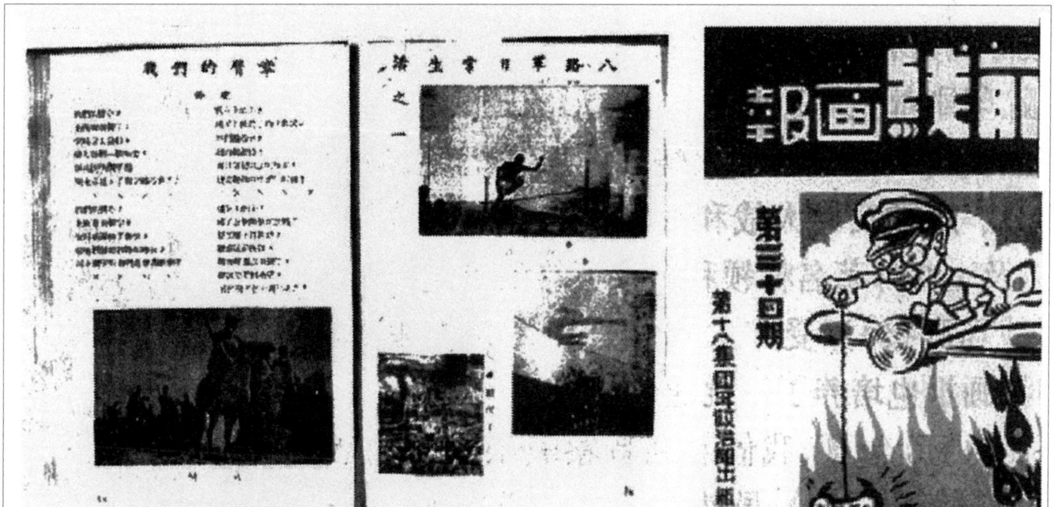

图4-62 图左为《前线画报》第19期第18、19页，右为第34期封面，刊有时事木刻漫画。

图4-63 《前线画报》内页之一。

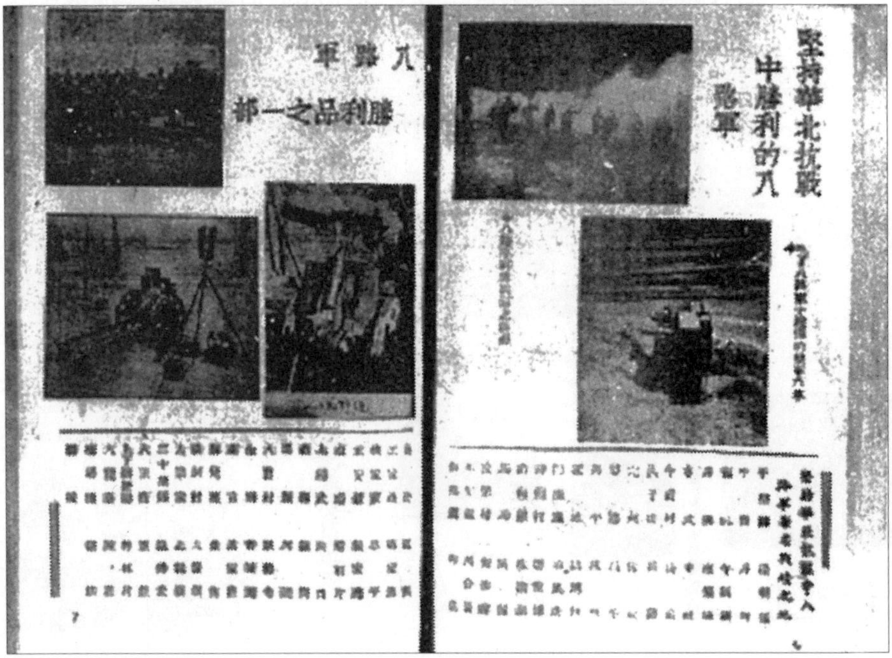

图4-64 《前线画报》内页之二。

办的16开、单张两面的摄影画报，是最早用日文照排、制版印刷的一种对敌宣传刊物。1941年6月出版第2期。在对敌军展开攻心战方面达到优异效果。

《抗敌画报》

三日刊，1941年4月21日创刊。

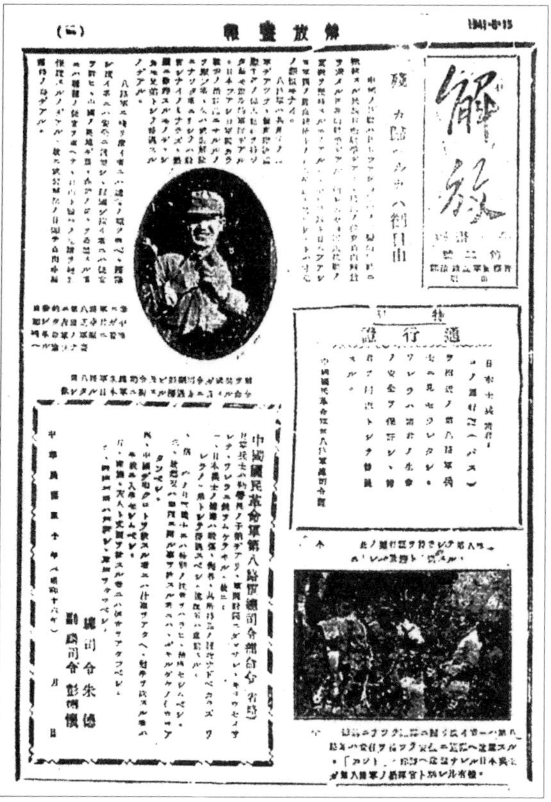
解放畫報 1941·6·15
特別通行證
中國國民革命軍第八路軍總司令部命令
總司令 朱德
副總司令 彭德懷

图4-65 1941年6月《解放画报》第2期第1版内容，刊出八路军总司令朱德、副总司令彭德怀发布的优待日军俘虏的命令，发给日军的“特别通行证”、日本兵吉田正幸投奔我军、日军战俘被释放等照片。

解放畫報 1941·6·15

图4-66 1941年6月《解放画报》第2期第2版内容，刊出晋察冀军区司令员聂荣臻1940年8月致日本官兵的亲笔信，以及“百团大战”攻占井陉矿区时收容了两名日本女童，聂司令员对她们关怀备至的新闻摄影报道。

《华北画报》（其二）

1941年创刊，晋东南文化界救国联合会主编。

《摄影网》

至1941年，延安等抗日敌后根据地编辑、出版了大量画报，为此创办了内部业务通报《摄影网》，以期提高画报质量。不定期出版。《摄影网》为非卖品，发给部队摄影工作者和摄影爱好者。冀中解放区冀中军区政治部摄影科编辑，油印，此刊在1942年5月大“扫荡”的战火中散失。后转由华北军区政治部华北画报社编印，在河北平山及井陉出版，1948年6月至1949年3月共出版12期。1949年5月15日出至第13期，1949年8月1日出至第14期，1949年9月1日出至第15期，1949年10月15日出至第16期，1949年11月15日出至第17期。还有1期，出版期次不详。

《广西画报》

广西省立艺专编，1941年至1946年在桂林出版。

《天地画报》（其一）

马国亮编，香港天地图书社出版，1941年3月出至第15期。

《世界画报》（其五）

顾祖畴编，昆明世界书局出版，1941年出至第3卷第4期。

《大美晚报元旦增刊》

上海英商独立出版公司编印，1941 年 1 月出版。

《每月科学》

天津每月科学社编印，日刊，1943 年 4 月出至第 3 卷第 4 期。

《联合画报》

1942 年 9 月 25 日创刊于重庆，幻灯电影供应社创办，社长温福立（美国人），初为半月刊，后改为周刊，舒宗侨编辑，联合画报社出版，4 开 1 张，第 100 期后改为 4 开 2 张，出至第 154 期后停刊。战时在重庆编印时，美军用飞机运到敌区上空散发，敌占区百姓看后，知道同盟国和中国正在一道浴血战斗，日本必将灭亡。

1945 年 11 月 20 日复刊于上海，改为 10 开，月刊，是唯一从大后方迁到上海出版的画报，社长为美新处代处长司徒华，后为杭勤斯，主编兼发行人为舒宗侨，至 1949 年 4 月出至第 227 期后停刊。主要内容是图文并茂地反映世界战场的情况，是世界风云的瞭望台，是联合国奋斗的缩影。

《中美图画壁报》

1943 年 6 月 15 日创刊，半月刊，4 开。联合画报社出版。出版 2 年后停刊，共出版 54 期，每期刊登十几幅照片，并配有标题。

《晋察冀画报》

1942年7月7日创刊。不定期刊，原为季刊，晋察冀军区政治部创办，创办人为沙飞、罗光达等。为中国抗日根据地创办的第一家以刊登照片为主的综合性画报。1946年7月改名《晋察冀画报季刊》。共出版13期。1948年5月与晋冀鲁豫军区的《人民画报》合并。主要内容是报道晋察冀战役、中国人民解放军奋起自卫、晋察冀人民支持自卫战争，图文并茂，除了照片外，还刊有漫画等。

1942年5月1日，晋察冀画报社正式成立，军区政治部任命沙飞为主任，罗光达为副主任，赵烈为政治指导员。下设编校、出版、印刷、总务四股。沙飞兼任编校股长，文学编辑是章文龙、赵启贤，美术编辑是唐炎，摄影记者有杨国治、白连生、张进学等。裴植、李遇寅任总务股正副股长，刘博芳、王丙中任出版股正副股长，张一川任印刷股长，何重生担任制版、印刷总技师，全社共计百余人。

画报以晋察冀军区政治部名义出版，16开，连封面封底共94页。照片部分用瑞典木浆纸印刷，印1000本。画报创刊号相当全面地反映了晋察冀边区5年来的战斗和建设成就，首页发表了晋察冀军区司令部绘制的《华北敌我形势图》。刊登的照片内容，有八路军初创晋察冀抗日根据地的各种战况，如收复涞源、蔚县、喜峰口、平型关、紫荆关、插箭岭、妙峰山、西斋堂等；有著名的几次大战斗——黄土岭大战、大龙华战斗、百团大战、陈庄大战等；有边区子弟兵战斗生活；有狼牙山五壮士的故事；有群众支前、青年参军、军民间的鱼水关系；有边区生产运动和民主政权建设；有对敌寇暴行的控诉、日人反战同盟支部活动、八路军宽待俘虏及日伪投诚；有边区新民主主义的艺术、教育、

图4–67 1943年晋察冀画报社同志在翻拍图片以便制版。

图4–68 1944年8月《晋察冀画报》刊出的江波拍摄的照片《黎明钟声》，该作品被誉为“20世纪华人摄影经典作品”。

图4–69 1942年冬反扫荡中，晋察冀画报社同志转战在北岳区南部的花塔山上，轮流放哨。

出版事业的发展；有外宾对边区的访问，对伟大国际主义战士白求恩在边区生活的怀念，以及聂荣臻将军营救日本小姑娘美穗子的珍贵镜头。封面照片《塞上风云》《向长城内外进军的杨成武支队》和封底照片《沙源铁骑》《向冀西挺进的八路军115师骑兵营》，都是五色套版精印。全本画报共刊登新闻照片162幅。

除照片外，文学作品有邓拓的《晋察冀的舵师聂荣臻》（署名萧斯）、刘道生的通讯《漠河滩的英雄》，周游、蔺柳杞的报告文学，田间、鲁黎、任清的诗，徐灵的木刻，李劫夫的漫画等。

这期画报还用英文发表了林迈可《回忆白求恩》和班维廉《在战后不要忘记农民》两篇专为画报写的文章及他们对画报出版的祝词。

这期画报还刊登了聂荣臻司令员纪念“七七”5周年的题词。

图4–70 多期《晋察冀画报》封面。

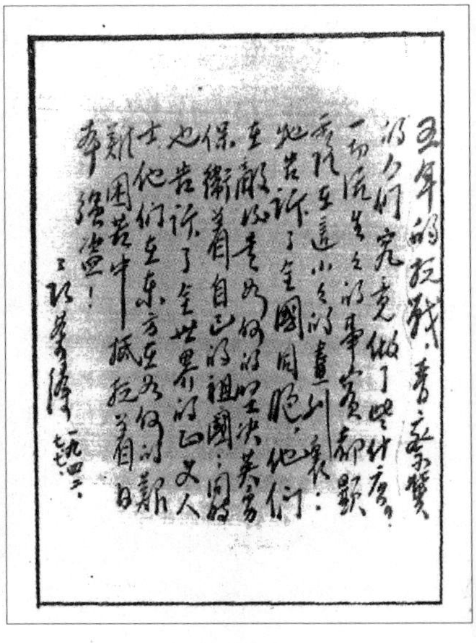

图4–71 聂荣臻同志为《晋察冀画报》创刊号题词手迹。

北京图书馆存第2、3、5、8期和第9、10期合刊；北京大学图书馆存有第5–10期；北京师范大学图书馆存有第5–7期；中国社会科学院近代史研究所资料室存有第9、10期合刊；山东大学图书馆存有第8–10期；上海图书馆存有第9、10期合刊；解放军画报社存有第1–10期；人民出版社资料室存有第9、10期合刊，新华通讯社新闻摄影部图书室存有第1–10期。

《街头画报》

1942年在延安出版，曾在延安街头展出。

《国民新闻画报》

1942年3月创刊，新安（长春）图片画报社刊行，在伪满时期出版，为伪满宣传。

《胜利画报》（其三）

1942年6月创刊，重庆胜利画报社胜利月刊社出版，出版了10期。

《新广东画报》

1942年1–3月出版第6、7期，月刊，为汪伪出版的宣传品。

《大东亚战争画报》（第2辑）

临时增刊，非卖品，为日寇宣传品，“华北政务委员会”情报局编，武德报社印行，1942年6月1日印刷发行，8开大本，

20 页白板纸印刷。最后封底有“大东亚战争终息之日，即东亚民族解放之时”。

《田家画报》

创刊时间不详，半月刊，在成都出版，张雪岩主编，成都田家半月报社出版。现存 1943 年 3 月至 1944 年 4 月间发行的画报，另有特刊一期。汪伪为其出版，为日寇侵略中国帮腔。

《战场画报》

高帆主编，1943 年 1 月出版。据高帆回忆，《晋察冀画报》有制铜版的设备，《战场画报》则没有，两家画报社在两个敌占区，高帆拿着照片，一手拿枪一手拿炸弹，通过日寇封锁封线请晋察冀画报社制铜版。此后《战场画报》的铜版照片就经常刊出了。

该刊主要刊载摄影图片，其次为漫画、木刻画和诗歌。摄影者有袁克忠、高帆、裴植、原野等。主编者是八路军政治部宣传部下属的艺术科和摄影科，执行编摄者高帆、裴植，宣传部长任白戈，陈裴琴也参与编务。摄影科有袁克忠、王中元、张哲等。从晋察冀画报社调来的有裴植、曲治金、孔宪等。高帆原是艺校毕业，先搞绘画，后来才搞摄影，新中国成立后任解放军画报社社长。出版 1–8 期后，袁克忠去了大别山。

对《战场画报》也有另一种介绍：

八路军一二九师政治部编，河南涉县云平乡印刷厂印制，1942 年创刊，1943 年 3 月出至第 3 期，5–6 月出合刊，1945 年 6 月出至第 13 期。先出版木刻画单页，日寇“大扫荡”后出整本画报，军区司令部驻赤安后，刊出军区司令李政委 1941

年肖像、三八五旅缴获的战利品、1939 年（也有说 1939 年应为 1944 年）三八六旅缴获的战利品照片 3 幅。主编艾炎写有发刊词，还刊出“战时群众与我们、群众为我们”照片 2 幅及太平洋与中国抗战形势图各 1 幅。

《精忠画报》

国民党第九战区司令部编印，月刊，1943 年 5 月出版第 8 期。

《大战画集》

舒宗侨编，重庆大战画集社出版，不定期出版。1943 年 8 月出版第 1 期，1945 年 8 月出版第 5 期。主要刊战争时期新闻图片。

《中美图画合璧报》

1943 年 1 月在重庆创刊，舒宗侨编，美国人杭勤思发行，月刊，1945 年 6 月出至 50 期，内容为第二次世界大战新闻照片。

《天地画报》（其二）

创刊时间不详。8 开 8 面。发行人宗亮晨，编委会成员有汪子美、王亚平、特伟、李任子、高龙生、徐同熙、张文元、陶汝良、叶浅予、陆钦元、廖冰兄、赵继生、刘铁华、钱歌川，以上均为文艺界名人。残页第 1 版刊张文元作《子不语》画 8 幅、《音乐之为教育》一文中有巨型炸弹降落在日本人头上的图画。第 2 版右上刊有汪子美作的《今日神话》及《肥而未宰之猪尚在喝咖啡与酒》的图画，右下刊《钓鱼有术的美人鱼》图画，左下刊有4幅画，有经济学教授及其当年高足（高足腾达、教授望尘莫及）、教授之餐（吃书）、在研究收粮种稻为农学博士（书本上研究）及建筑师的OFFICE（纸上画模）的照片，并刊有夏衍的《绣幕背后的阴影》一文，是与话剧演员的对话。第3版刊叶浅予的《苗区探胜》、何铁华的《铁路》、汪子美的《漫画人物志》及高龙生画像、叶浅予画像，后两幅都有文字简介。高龙生的画中画有日寇、汉奸、贪官污吏丑态，令人痛恨。还有叶浅予画的“王先生”与“小陈”。第4版刊有张文元的《谎话连篇》图画8幅、高龙生的《阿Q先生的生活》衣食住行4幅画。第5版刊中央青年剧社演出、朱彤编剧、马彦祥导演的红楼人物戏装画10幅。

《银线画报丛书》

创刊时间不详，三日刊，张圭颖主编。现存1944年第2、6、8期。文化娱乐画刊。此刊为银线画报外集，各期另有刊名，第2期名为《银叶》，第6期名为《银星》，第8期名为《银流》。主要刊载明星轶闻、文坛杂记、天津掌故、影剧动态、台下花絮及小说连载等内容。停刊时间不详。

《胶东画报》（其一）

1944年6月20日创刊，胶东画报社编。各地战邮发行科、各地书局发行。16开本，不定期出版，公开发售。创刊号的编后记中说：“过去，有投稿于胶东文协大众画刊社的，已由文协负责将稿件邮转至本报，特此告知。”该刊内容以绘画、小说、诗歌、通讯为主，刊用图片较少。

第1期未刊照片，全为绘画。

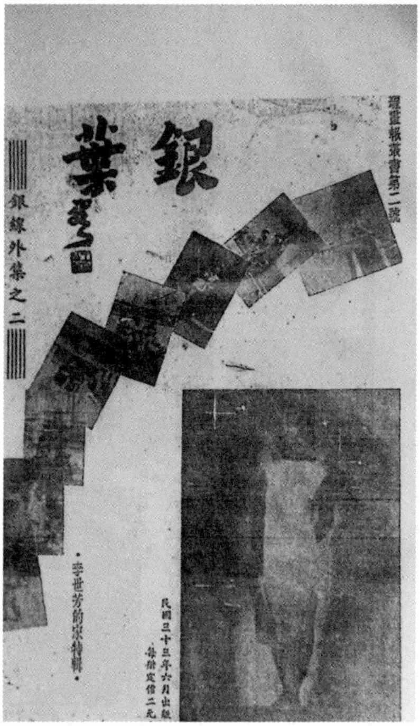

图4-72 《银线画报丛书》封面。

图4-73 《银线画报丛书》内页。

第2期为军区战斗英雄大会特辑，刊用照片12幅。封一为“战士”、封二为“大会图片”，正页第1幅为大会全景，第2幅为谭部长讲话，第3幅为战斗英雄于殿礼等5人合影，第4幅为民兵英雄王永双等8人合影，第5幅为向历次殉难军民默哀，封三为大会活动图片，其中分别有战斗英雄交流杀敌经验、欢迎荣誉军人和战利品展览。

1944年10月出版第3期，封一为套色印刷的“持枪的战士”，封二刊“战地图”，上为解放沦陷4年多的文登城，中为文登城学生欢迎入城的八路军，下为被俘的伪军。第3页刊许世友写的《庆祝我军战役攻势大稳》一文，并刊他的半身照一幅。封三上为东海部队徐永春等拿着缴获的机枪，中为敌人据点废墟，下为我军胜利归来的照片。这一期共有32页。

1945年1月出版第5期，刊有重克栖城的图片7幅，第13、14页刊有“加紧练兵准备反攻”图片6幅，封底刊军民同乐图片2幅，共刊出图片15幅之多。

1945年3月31日出版第6期，未刊图片。

《都市生活画刊》

1944年6月创刊，朱先主编，在南京出版，当年7月出版第1卷第2期，汪伪统治时期出版，是卖国求荣之物。

《胜利通俗画报》

月刊，刘力新主编，在昆明出版，1944年7月至1945年6月出版第1–10期。

《新艺画报》

新艺图书社编，重庆出版，1944年10月出版第2期。

《青年画报》

青年画报社出版，现存1944年6月的一期。为日寇侵华宣传。

《自由画报》

创刊时间不详，周刊，在成都出版，自由画报社编辑出版，以漫画的形式反映了社会的方方面面。“言论自由、信仰自由”的理念，在此刊中表现得淋漓尽致，现存1945年10月至1946年2月共17期。停刊时间不详。

《努力画报》

1945年1月1日创刊于重庆，前身为《田家画报》，月刊综合性画报。黄涛川编辑，张雪岩发行，重庆田家出版社出版。刊有民兵修筑公路，英、法、美盟军作战，以及俘虏德国士兵的照片，还刊有努力论坛和文艺栏目，有文字说明。停刊时间不详。现存1945年1、2月的第2期。

《天津民国日报画刊》

1945年12月创刊，周刊，综合性画刊，天津民国日报编辑部画刊组编，总编辑庞宇振，总主笔俞大酋。8开4版。1947年12月停刊，共出版102期。现存1945年12月第1期至1947年7月第102期。以介绍时事、宣扬文化、提倡艺术、灌

天津民國日報畫刊

图4-74 《天津民国日报画刊》封面。

图4-75 《天津民国日报画刊》内页。

输科学为宗旨。刊登时事新闻、政治军事、社会动态的照片以及工业学术论文等，还刊登艺术作品，如中西名画、美术摄影、金石古玩等。

《战友画报》

战友画报社出版，1945年6-12月间刊行。《解放日报》1946年6月10日第2版有专文介绍。

《冀热辽画报》

1945年7月创刊，在平谷、蓟县交界处盘山出版发行，罗光达为主编，王纬德任记者。16开。在此之前曾出试刊一期。又有记为《冀察热辽画报》，但未见刊物。

《苏中画报》

新四军政治部出版，1945年春创刊，随军发行，石印，4开单张2版，1946年初停刊，共出8版。1945年秋天，画报社全体同志随军到达前线，将战士们谈战斗故事和谈敌人丑态的内容画了漫画和连环画，当场刻蜡纸，印出了《苏中画报》前线版，迅速

图4-76 《冀热辽画报》创刊号封面。

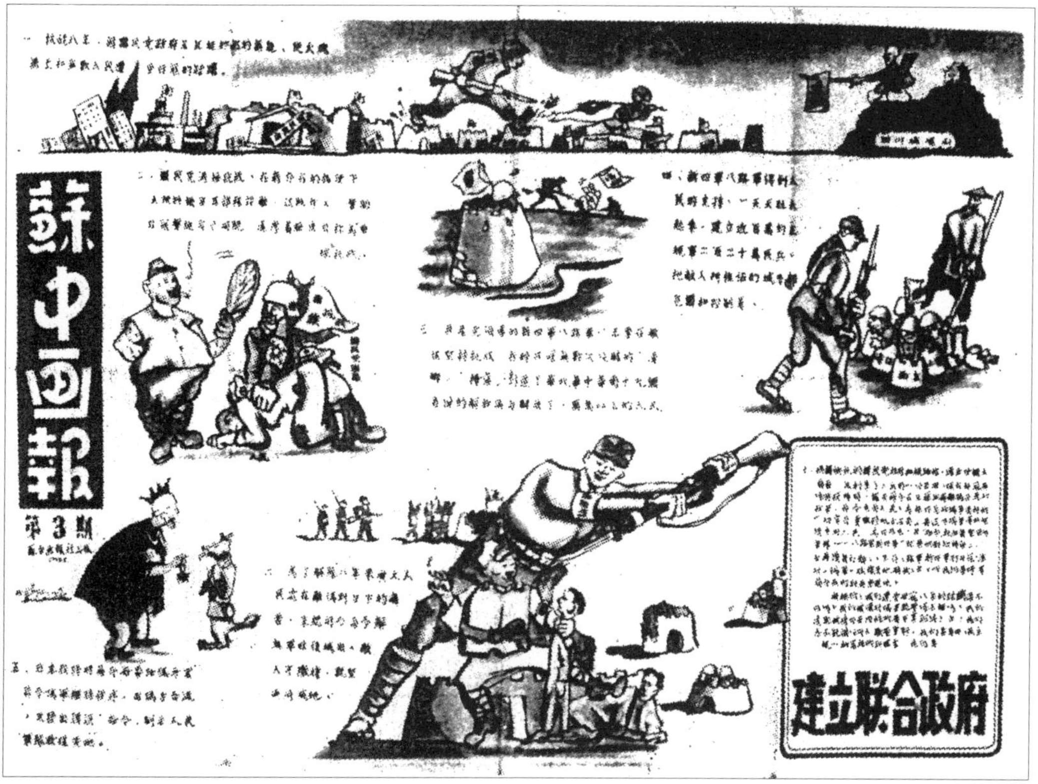

图4-77 《苏中画报》第3期。

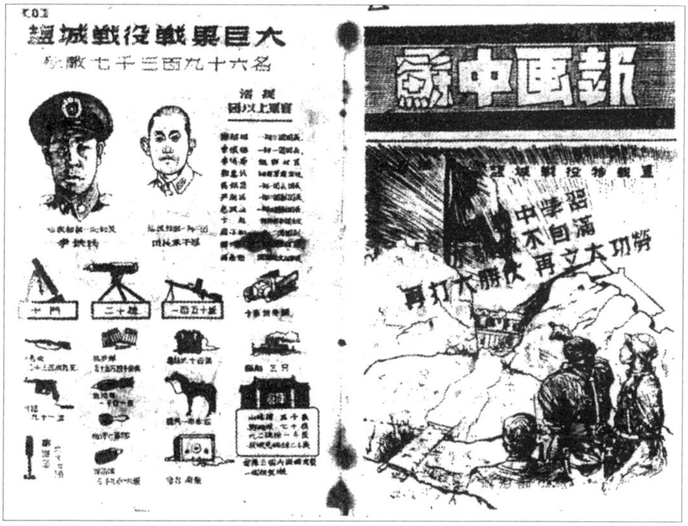

图4-78 《苏中画报》第6期。

图4-79 1945年《苏中画报》前线版。

通过前线的通讯网传递到连队。

《先路》

山东画报社编辑出版，1945 年发行。在《先路》小册子中，刊有模范战士吕顺保的照片，吕顺保遵守“三大纪律八项注意”，在队伍中，作战与生活处处表现英勇、生动。

《儿童画报》（其三）

面向儿童发行，1945 年出版。

《胜利画报》（其四）

1945 年 9 月创刊。为《永安月刊》附刊，永安月刊社编印，在上海出版，1945 年 10 月出版第 2 期。

《东北画报》

1945 年 11 月创刊，由《冀热辽画报》改名而来。1953 年 2 月改名《东北工人》，1954 年恢复原名《东北画报》，1955 年 7 月改名《辽宁画报》。

《大华图画杂志》

1945 年 10 月创刊，上海大

图4-80 《东北画报》第4期封面。

华出版公司出版，半月刊，16 开。李嵩寿、马永华编辑，林显章发行。摄影者为周增明、秦泰来、焦超。1946 年 1 月出版第 3 期，1946 年 6 月 20 日停刊，主要刊载国内外时事，外国图片多系英美使馆供稿。另有国庆号 1 册。

《星岛画报》

1945 年创刊，糜文焕编，重庆星岛画报社印行。内容有抗战动态、人民生活、新武器等。胡好发行，月刊。

《人生画报》（其二）

1945 年 2 月创刊，周俊光编，重庆人生画报社出版，当年 8 月出版第 5 期。许君武发行，半月刊。

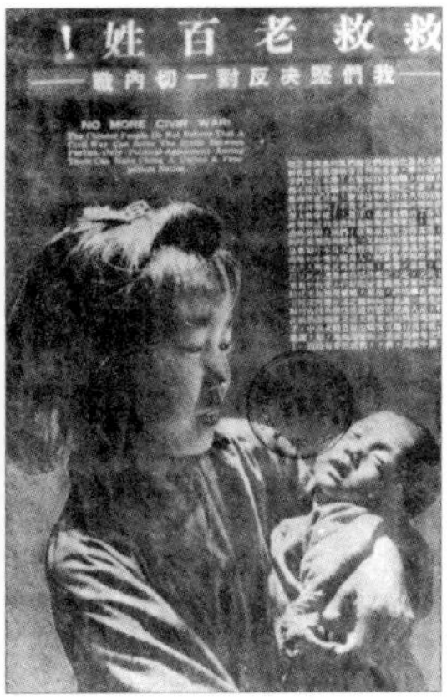

图4-81 《上海图画新闻》第14期封面。上方写有“救救老百姓”，下方写有“我们坚决反对一切内战”。

《庆祝胜利画刊》

文化艺术社编印，刊载八年抗战图片，1945 年 8 月出版。

《上海图画新闻》

上海图画新闻社编印，半月刊，1945 年至 1946 年 9 月出版第 1–17 期。张源吉主编，16 开，月刊。

《中华图画杂志号外》

中华图画杂志社编，上海新中华图书公司出版，1945 年 9、10 月出版第 1–3 期。

《寰球杂志》

寰球图画杂志社编印，上海出版，李鸿球发行，月刊。1945 年 10 月 –1949 年 2 月出版第 1–41 期。

《国情画报》

上海国际出版社编印，半月刊，1945 年 10、11 月出版第 1–3 期。

《新生画报》（其一）

1945 年 11 月创刊，在上海出版。

《特写图画杂志》

薛志英编，上海特写图画社出版，1945 年 11 月创刊，1946 年 5 月出版第 2 期。

《好莱坞电影画报》

在上海出版，半月刊，1945 年 12 月创刊。

《国际新闻画报》

李鸿鸣编，上海国际新闻画报社出版，周刊，1946 年 8 月出至第 52 期，按周刊推算，应是 1945 年 8 月创刊。刊行至 1947 年 3 月第 78 期。又名《新闻画报》。

《中艺》

中艺画报社编，在上海出版，1945年出版第1–2期。

《大同周报画刊》

1945年9月出版，不定期刊物，大同周报社出版。

《凯旋画报》

1945年11月出版，不定期刊物，凯旋画报社出版。

《特写画报》

1945年11月出版，不定期刊物，特写画报社出版。

《寰球画报》

1945年10月创刊，到1949年3月，共出版41期，是类似《良友》的8开综合性画报。上海寰球出版社所属寰球画报社出版，发行人李鸿球。

图4-82 《寰球画报》封面。

《台湾青年画报》

在台北出版，1945年12月出版第1期，1946年5月出版第2–3期，10月出版第4期。

汉奸和汪伪组织在上海沦陷前后办的画报还有几种，包括《国发新闻画报》（1941年10月至1942年3月）、《摄影新闻》（1942 年 1 月至 1942 年 2 月）、《太平》（1942 年 8 月至 1945 年 5 月）、《中华画报》（1943 年 8 月至 1944 年 5 月），以及法西斯德国在上海出版的《远东画报》（后改名《欧亚画报》）。

第五章

1946-1949 年画报画刊出版

这时期出版的画刊，目前知道名目的大约超过了 400 种，但真正能见到刊物或查到确切史料记载的只有 200 多种。由于这时处于国内战争时期，战争对文化建设的破坏性很大，严重影响到画刊的出版发行，前期在大城市还有一些以商业市场为导向的画刊出版，随着战争往大城市的推进，商业性质画刊的出版越来越少，各种革命性质的画刊越来越多，尤其是解放区、游击区的画刊出版十分活跃，成为中国共产党和所属军队工作的重要手段。

第一节 1946-1947 年画报画刊出版

1946-1947 虽然只有短短的两年时间，但出版的画刊却有 200 多种，有名可查的就超过 100 种，这不能不说是画刊出版

图5-1 《文汇半月画刊》封面。

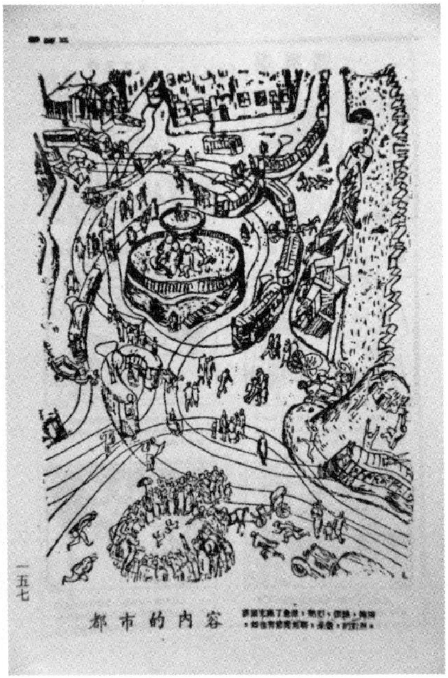

图5-2 《文汇半月画刊》内页。

的奇迹。除在城市出版的文化娱乐性质的画刊之外，其他大部分的画刊出版都是在中国共产党领导下的乡村出版，这又是一个出版奇迹。

《文汇半月画刊》

1946年4月1日创刊。余所亚编辑，上海文汇报馆出版，发行人严宝礼。现存1946年4-7月出版的第1-7期。刊有文化动态、评论、随笔、名人专栏，漫画，戏剧动态、评论、剧照，也刊登一些诗歌和小说。另外每期都刊有张乐平的漫画《三毛》。

《147画报》

1946年1月11日创刊于北京，吴宗祜编辑。该刊为综合

图5-3 《147画报》封面。

图5-4 《147画报》内页。

性刊物，为了与《369 画报》有所区分，就错开日子，每月 1、4、7、11、14、17、21、24、27、31 日出刊，故称《147 画报》，16 开，16–20 页。主要内容有：世界之窗、现实新闻、文艺作品、影星生活、戏剧电影、北京社会百态。特别是齐白石、徐燕孙、吴镜汀合作的封面画格外和谐：烛台、古书与爆竹浑然一体，静中生动、动里蕴静，简洁的画外，留有余味。1948 年 8 月 17 日停刊，共出版 23 卷 8 期（一说是 1948 年 12 月停刊，共 23 卷）。

《星期六画报》

1946 年 5 月 18 日创刊，周刊，每周六出版。天津星期六画报社发行，上海分社设在梅白克路祥康里 81 号。16 页。发

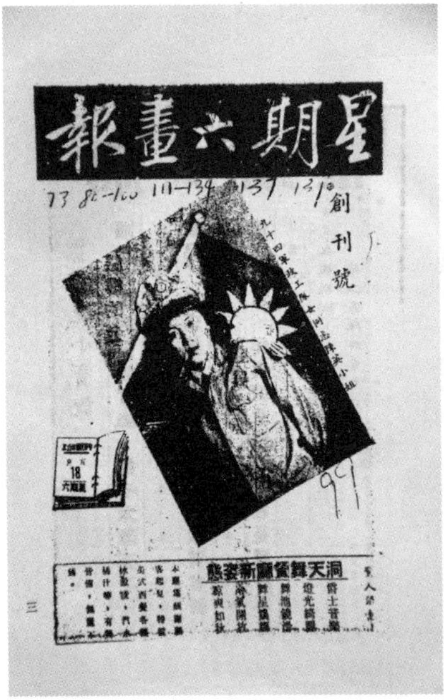

图5–5 《星期六画报》封面。

台灣省三個特殊的賓客

金立

這三個人代表着不同的性格和階級，一個是短期的休憩，一個是消磨着平凡的歲月，一個另在製造他美麗的遠景，但願他們都各遂所願，上帝會賜福他們的！阿門！

孫立人

張學良

陳儀

图5–6 《星期六画报》内页。

行兼主编张瑞亭，经理郑启文，营业主任陈文焕，编辑兼记者李伍文，会计黄洁心。1949年1月停刊，共出版139期。现存1946年5月创刊号至1949年1月第138期。该刊为综合性画刊，16开，每期16页。以“致力于社会教育为国民教育，并从事于国民‘娱乐’及‘欣赏’兴趣的提高”为宗旨。刊登中外新闻、时事评论、人物专访，中外影剧动态、影剧评论，名胜介绍及小说连载，并刊有现代伟人志专栏及杂品专栏。以文字为主，偶有照片。

1946年9月21日出版第19期，封面右侧为吴素秋戏图，左侧为目录，下侧为广告，背面刊戏剧界名伶头像，并用文字介绍一些女伶生活琐事。

《解放日报》

1946年6月4日创刊，在延安出版。

《行军画报》

1946年创刊，为某部七团特务连在换防行军中出版，战士绘画、战士编排。内容为再现该连在行军中战士的生活，此画报为战士所接受和喜爱。战士王克勤、王瑞武等同志为画报写稿，李茂栋同志把它绘制成画。

《人民画报》（其一）

1946年至1948年初在邯郸出版第1 ~ 12期，晋冀鲁豫军区政治部出版。1946年6月6日开座谈会讨论画报的出版问题，预计在7月1日发刊。内容为表现该区（邯郸）民主生活、人民翻身运动、经济交通建设、部队生活、文化教育的图片，形式有木刻、漫画等。8月1日出版的第1期的编后记中说：筹备了几个月，因机器从晋察冀运来时被震坏，修理了两个月之久，再就是当地的水不能用来制版，后改用蒸馏水才解决。编后记中还说："既然是《人民画报》，就希望党政军民共同来办，使它确实成为符合人民和人民军队要求的东西。"首刊毛主席在七大作报告半身像1幅，又刊朱总司令像1幅。

《高永来连摄影专刊》

1946年晋中军区前线画刊社编印。

《人民画报》（其二）

1946年6月5日出至第10期。在山西兴县120师辖区出版，续范亭任主编，编者有牛文、力群、李少言。以《人民画报》为名的画报出有多种，但出版单位、年代、地点都不相同。

《胶东画报》（其二）

山东胶东军区政治部编印，32开，封面刊有"对内刊物，不能外传"。内容以绘画、木刻、剪影、诗歌、常识为主，但也刊重要战争图片。为不定期刊，每期24页或16页不等。

1946年4月15日出至第17期，内容为绘画。1946年5月1日出至第18期，内容为绘画。1946年5月15日出至第19期，封面为马克思刻像。1946年6月1日出至第20期，内容为绘画。1946年6月15日出至第21期，内容为绘画。1946年7月1日出至第22期，封面为毛主席头像，其余为绘画。

1946年8月1日出至第24期，刊有朱总司令头像1幅，其余为绘画。1946年8月15日出至第25期，内容为绘画。1946年9月1日出至第26期，有反映战场的封面图片2幅，其余为绘画。1946年10月15日出至第27期，封面为后勤支援图片2幅，其余为绘画。1946年10月30日出至第28期，内刊战地图片4幅，其余为绘画。1946年11月5日出至第29期，封面图片为崆峒岛战斗，另一幅图片为解放军日夜监视龙口海港，其余为绘画。1946年12月1日出至第30期，封面为两位战士伏地守卫的图片1幅，封底有战地图片2幅，分别为向掖县进击和长途行军，其余为绘画。1946年12月15日出至第31期，内容为绘画。1947年2月1日出至第33期，内容为绘画。1947年2月15日出至第34期，内容为绘画。1947年3月1日出至第35期，内容为绘画。

图5-7 《胶东画报》第2、3、5、7期封面，其中第5期封面为战斗新闻照片集锦。

《山东画报》

山东画报社编印，1946年8月出至第4期，1947年4月15日出至第39期。1946年8月26日《解放日报》对其有长文介绍，它的前身是1945年出版的《战士画报》和《战士朋友画报》。曾出版小册子《三大纪律八项注意》《吕顺保先进事迹》。

山东画报

图5-8 1945年8月15日《山东画报》胶东渤海分版第1期封面。

《大众画报》（其三）

大众出版社出版，由《拂晓报》发行，小 32 开。1946 年 5 月 1 日出版第 3 期，内容有生产、度荒、反讹诈、破迷信等。

《推广画报》

双月刊，南京推广画报社出版，1946 年 5–7 月出版第 1、2 期。

《新闻画报》（其三）

周刊，上海国际新闻社出版，1946 年 8–12 月出版第 52–70 期。

图5-9 1946年《大众画报》第3期。

《文艺半月画刊》

在上海出版，1946 年 4–7 月刊行，创刊后出至第 7 期。

《天津画报》

原名为《扬州画报》，李然犀编，在天津出版，1946 年 10 月至 1947 年 6 月出版第 1–44 期。

《明报画刊》

即《纪事报》画刊，在北平出版，1946 年 7 月至 1948 年 9 月出版第 5–115 期。

《美丽画报》

周刊，阎揔润主编，在天津出版，1946 年 12 月至 1947 年 8 月出版第 10-46 期。

《安琪儿画报》

周刊，张伟君发行，在北平出版，1946 年 10 月至 1947 年 2 月出版第 1-18 期。

《青白画刊》

新疆青白画刊社出版，现存 1946 年 8 月第 7 期。

《人民画刊》

上海《文汇报》附刊，1946 年冬出版，单张发表。裴植主编，原名为《中原画刊》。

《新星画报》

1946 年 2 月 7 日创刊。金风烈、孟用潜、李槭等编，孟用潜兼发行。北平新星画报社出版，内容有文艺、美术、音乐、戏剧，是一份综合性刊物，主张进步。出版了 6 期。刘遵棋用中外出版社名义出版，为中国共产党宣传，反蒋，后被查封。

《青白》

1946 年 8 月出版第 7 期，16 开，有汉文和回文版，全刊绘画，无照片。首刊中刊出张治中、阿合员提江、鲍尔汉、麦斯武德、宋参谋、陶峙岳、陈元委、伊敏等人的画像。

《滨海画报》

滨海农村社制，对开1张，横式制版（便于张贴），三色套印。

1947年7月1日出至第47期，刊“全国形势大转变，全面反攻在眼前”绘画1幅，各战场形势图1幅，孙杨创作的国统区学生三反游行图1幅，国统区的民变图4幅。

1947年7月5日出至第48期，改为4开，刊头有立森创作的画，及林木创作的《起来和蒋军干》图画4幅。刘明光创作的《荣誉军人素士莪》图画4幅。

1947年7月10日出至第49期，4开，刊有孙杨创作的《王乾的战事》图画4幅及林木创作的《女英雄姜宝春》图画6幅。

1947年7月16日出至第50期，4开，刊有的《血债要用血来还》图画4幅及孙杨创作的《王乾的战事》图画3幅。

1947年7月21日出至第51期，4开，刊头刊有形势图，内刊华东解放军一年战果，刊有照片10幅。

1947年7月26日出至第52期，4开，刊有任迁乔创作的《打虎图》7幅，未套色印刷。

1947年8月1日出至第53期，内有任迁乔创作的《红旗插上山下山顶》图画8幅，庚琨创作的《人不咬狗狗咬我》图画4幅，套色印刷。

1947年8月6日出至第54期，内有庚琨创作的《受苦了，生命》《地主之吸血虫》图画5幅，《看住咱们的财产》图画1幅，套色印刷。

1947年8月11日出至第55期，对开，内有孙杨创作的《莒南的白毛女——韩粮香》图画14幅，《要回血债》图画4张，套色印刷。

1947年8月16日出至第56期，4开，刊孙杨创作的《穷人当了家，翻身有办法》图画4幅，贻明创作的《不要这样的干部》图画4幅，庚琨创作的《当家大游行》图画1幅，套色印刷。

1947年8月21日出至第57期，对开，刊任迁乔创作的《莒南恶霸地主》图画14幅，套色印刷。

1947年8月26日出至第58期，4开，刊徐元森创作的《不能留后路》图画5张，任迁乔创作的《两个花碗一条心》图画14幅，赵德新创作的《仇报仇、怨报怨，消灭封建把身翻》图画6幅、《分果实》图画4幅。未套色印刷。

1947年9月1日出至第59期，12开，刊有任迁乔创作的《峰山后大翻身》土改图画12幅。

1947年9月6日出至第60期，4开，刊有庚琨创作的《一张布告》图画8幅及《当头棒喝》图画4幅，套色印刷。

1947年9月21日出至第63期，4开，刊有解放军大举反攻形势图4幅，套色印刷。

1947年9月26日出至第64期，4开，刊有《蒋介石的致命弱点》图画3幅，徐力创作的《张忠胜翻身记》图画5幅及立森创作的《姚子传干部偷占果实》图画4幅。

《上海》

上海画报社编印，1946年6月创刊，10月出版第5期。

《图画世界》（其二）

徐润编，上海图画世界出版社出版，旬刊，谢刚发行。1946年夏至1949年4月出版第1–57期。16开。

《导报画刊》

国民党第三方面军京沪区战俘管理所编印，1946 年 5 月在上海出版，中、英、日三种文字说明。

《社会画报》

上海社会画报社编印，姜豪发行，半月刊。1946 年 4、5 月在上海出版。1947 年 1 月出版第 6、7 期。

《图画风》

1946 年 4 月在上海创刊，中国图书公司出版，周刊。

《清华图画周刊》

1946 年 3-10 月出版第 2 卷第 1-28 期，注明为上海革新版。

《电影》（其一）

上海环球画报社编印，1946 年 1 月至 1949 年 3 月出版第 1 卷第 1-12 期和第 2 卷第 1-9 期。

《艺术画报》

艺文书局编辑所编，上海文艺书局出版，月刊，1946 年 7 月至 1947 年 6 月出版第 1 卷第 1-12 期，1947 年 7 月至 1948 年 9 月出版第 2 卷第 1-9 期。林鹤钦发行，8 开。

《香港画报》

在上海出版，周刊，1946 年 3-6 月出版第 1-13 期。

《中国画报》（其六）

上海中国画报社出版，周刊，1946 年出版第 1 期。

《春明画刊》

朱应之编，周刊，1946 年出版第 1 卷第 1-6 期，在北平出版。

《新生画报》（其二）

天津新生画报社编辑，1946 年 8 月出版第 1 卷第 6 期。

《国风画报》

张化南发行，在天津出版，周刊，1946 年出版第 3 卷第 12 期。

《小扬州画报》

沈健颖发行，在天津出版，三日刊（也有记为二日刊）。1946 年 10 月创刊，11 月出版第 10-12 期，1947 年 3-6 月出版第 14-44 期。1948 年，天津解放后被接管，改名《天津画报》，主编为李瑞峰。

《艺威画报》（周刊）

约 1946 年创刊，张林溪发行，在天津出版，周刊。1948 年出版第 3 卷第 5 期。

《力行》

力行杂志社编印，1946 年出版第 4 卷第 1–8 期。

《滑翔》

中国滑翔总会编印，南京出版，1946 年 12 月出版第 1 期。抗日期间滑翔学校设在重庆青木关。

《香港》

香港大陆通讯社编印，1946 年 11 月创刊。

《艺文》

艺文书局出版，8 开，月刊。从 1946 年 7 月到 1948 年 7 月，共出版 21 期。

《申报·第六周画刊》

1946 年 6 月至 1948 年 6 月刊行。

《大公报·大公画刊》

1946 年 6 月至 1949 年 6 月刊行。

《中央日报·图画周刊》

1946 年 7 月至 1949 年 4 月刊行。

图5-10 《健与美》封面。

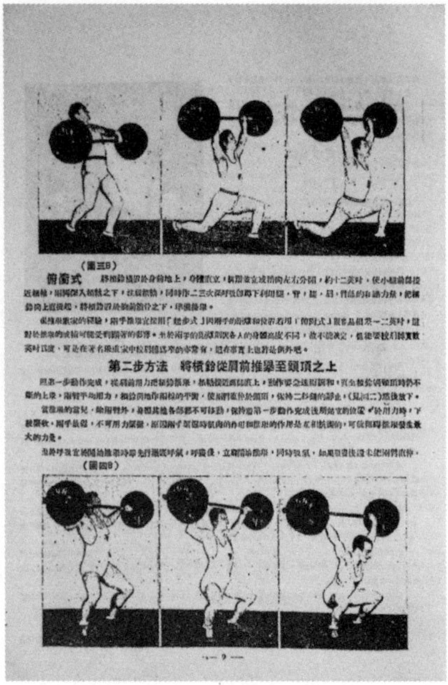

图5-11 《健与美》内页。

《和平日报·和平画刊》

1946 年至 1947 年刊行。

《大晚报·星期画刊》

1946 年 6 月至 1948 年 1 月刊行。

《益世报·益世画刊》

1946 年 2 月至 1947 年 2 月刊行。

《文汇报·半月画刊》

1946 年 4 月至 1946 年 7 月刊行。

《健与美》

创刊时间不详，双月刊，香港李氏健身学院出版。1947 年 6 月合刊再版。栏目包括：专题（论述健美运动）、拳术（各类的拳法）、妇女与儿童（妇女儿童的健康健身）、器械运动（健美器械的运动知识图解）、插图（女子的健美核心及体操）、健美信箱（有关健与美的展望）等。停刊时间不详。

《生生画刊》

1947 年 7 月创刊于北平，生生画刊编辑部编，旬刊。1947

图5-12 《生生画刊》封面。

图5-13 《生生画刊》内页。

年 10 月至 1948 年 1 月出版第 12-20 期，1948 年 3 月停刊。综合性刊物。主要刊载关于时事政治、军事、文学与艺术等方面的论述，其中有名人轶闻、明代版画等文章，还有书法、绘画、摄影等各类艺术作品。

《摄影纲通讯》

不定期出版，每期 8 开 2 页，晋察冀军区政治部晋察冀画报社编印，在阜平出版，油印。1947 年 8 月至 1948 年 2 月共出版 17 期。

《星期五画报》

创刊时间不详，周刊。王秋风编，发行人曹天培。现存

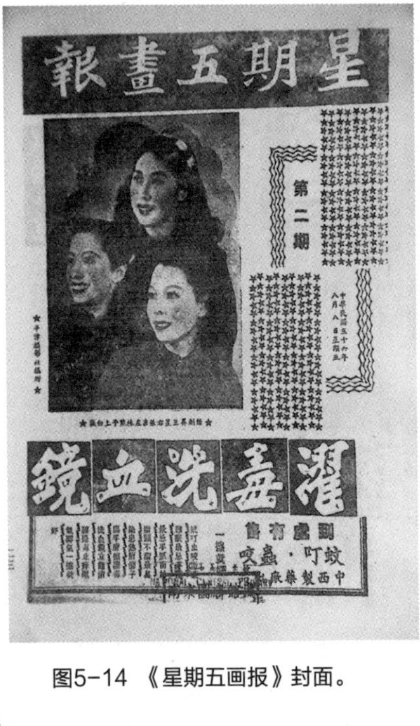

图5-14 《星期五画报》封面。

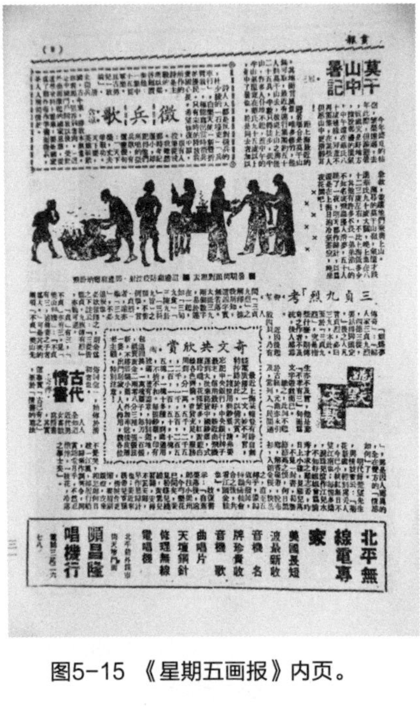

图5-15 《星期五画报》内页。

1947年8月第1期至1948年3月第31期、1948年11月第1卷第6-8期。综合性刊物。介绍世界知识、科学常识，并刊登影剧界明星动态、散文、小说、电影海报，也有家庭生活常识等内容。其增刊专辑报道中国政治内幕。停刊时间不详。

《扶风画报》

1947年11月1日创刊于天津，安乐然编，民国日报社印刷。周刊。16开，14页。出版3期后停刊。现存1947年11月第1卷第1期至第3期。游艺杂志。服务于市民的休闲生活。文章短小，品类繁杂，包括时事、社会新闻、科技与文史类知识小品。近半篇幅为娱乐性内容，如电影、戏剧、曲艺评介、演

图5-16 《扶风画报》封面。

扶風畫報

文玉合服裝店

（專售）學校制服 中山服 童子軍服 男女大衣 西服馬甲（承做）

店址西北城角西文昌宮大街

國產影片——

——是不景氣狀態

粗製濫造劣片相繼問世

從事影業者要切實注意

「亡命徒」演前預介

本月六日平安光明兩院同時上映

啓事

图5-17 《扶风画报》内页。

员活动等。每期有多篇武侠或言情小说连载。虽称“画报”，实以文学为主，配以少量照片和漫画。

《农村生活》

1947 年 3 月 21 日创刊，石印，不定期出版，东阿农村生活社编印。

《新郓北画报》

1947 年 7 月 16 日创刊，不定期出版，油印，郓北出版，是地县区一级报纸。

《冀鲁豫画报》

1947 年 2 月 1 日创刊，月刊，石印，冀鲁豫区党委编印，晋冀鲁豫军区出版。

《农村画报》

1947 年 7 月 5 日创刊，石印，东阿农村生活社编印，不定期出版，是地区一级报纸。

《春秋画报》

上海春秋画报社出版，8 开，月刊。1947 年 1 月至 1948 年 2 月出版第 1–14 期。

《红叶画报》

周刊，天津红叶画报社出版，1947年5月出版第1卷第2期。

《时代风画报》

南京时代风出版社出版，1947年8月出有1期。

《天津国民日报画刊》

天津国民日报画刊社出版，现存1947年7月第87期。

《天山画报》

上海西北文化建设协会出版，1947年6月至1948年3月出版第1–5期。

《西蒲画报》

4开，刊照片、漫画，套色印制，约在1946–1947年出版。

《友谊画报》

关东中苏友好协会编，关东友谊印刷厂印，关东友谊书店发行，12开，1947年出版第1–12期，至1949年2月23日，共出版16期。从19期起，改为旅大中苏友好协会编印。

15期前均为散页印刷，从16期起改为12开，“编者的话”说：

《友谊画报》在各方面的帮助与支持下，已出了15期，然而工作上尚存在着很多缺憾，经各方面不断建议，目前首先执引大家的要求，自本期起将画页改成本了……随着画报改成合订本，篇幅亦有增加，为了丰富画报的内容，使画报能够及时反映各地中苏两大民族又一团结的事迹及关东各界在民主政府领导下积极从事民主建设事业的动态，并保证按期出版起见，特向我关东各地各界征求画报通讯员。希望善于掌握材料，能画、能摄或能写适合画报需要的短文、说故事、快板等并乐意协助画报工作者，能自动与我们取得联系，多多赐稿，并给画报多多提意见。

投稿奖励办法为：投画稿与木刻作品者赠送书刊，特约摄影记者给稿费及材料费。

1949 年 2 月 22 日第 16 期前部分刊苏联红军建军 31 周年纪念照片 16 幅，苏联卫国战争图 5 幅，伏罗希洛夫肖像 1 幅，普希金像 2 幅。漫画栏刊华君武等画作 7 幅。还刊有王达坤、韩浩然拍摄的《关东镜头——春节》照片 11 幅、新春画洛 16 幅，迟牛创作的《英雄赵振声的学习方法》图画一组 11 幅。

《战线画片》

苏中展现社、红旗报社联合出版，蜡刻板，油印。有时为 32 开，有时为 10 开。

1947 年 2 月 12 日刊《七炮七中显神威》《蒋军 187 旅内部的倒霉事件》照片，1947 年 2 月 13 日刊《两个英雄再立功》《五枪四中显身手》照片，1947 年 2 月 14 日刊《再显身手，追上敌人缴机枪》《三支队徐宗堂同志挂彩冲锋缴我枪》照片，1947 年 2 月 20 日刊《一个拼六个：七支队一大队二中队江汤海同志》照片，1947 年 2 月 21 日刊《张新馀草堆夺机枪》照片，1947 年 2 月 22 日刊《唐排副扑河夺弹筒》照片，1947 年 2 月 23 日刊《王守洁、陈家庄勇猛机警立大功》《节排副带花驮伤兵下九线》照片，1947 年 2 月 24 日刊《通讯员也缴机枪》照片，1947 年 2 月 25 日刊《拼北解放新同志刘心山》《陈家庄战斗立第一功》照片。该刊中每件事均有一幅画，并附短文。

《菏泽画报》

1947年5月上旬创刊，菏泽画报社出版，不定期刊物。该刊反映了菏泽游击区怎样坚守新阵地的情况。开始由耿一山画了几幅蒋介石卖国内容的画贴到本屯集市上，引来较多老百姓关注。后来画了一期蒋军强奸妇女内容的画，打动了观众内心，在群众中引起热议，一般反映是："这个画一点不瞎画，中央军规矩太坏啦！与日本鬼子一样，日本后来失败，中央军也跑不了，一定失败的。"有记录说："报社同志得到这个实际情况后，经过研究得出的结论是画报要反映群众亲身体验的实事实物，才能起到教育群众的作用，因此报社同志即在这个问题上下了工夫。所以画报就紧紧地结合了我们的中心任务向前发展了。"

《中国人民爱国自卫战争华东战场第一年画刊》

1947年10月创刊，山东大众日报社与新华社华东分社联合编印，又称《解放战争华东战场第一年画刊》，大16开，陈毅、粟裕题字。共有照片240多幅，由王纪荣、李本文等19人拍摄，还有华东画报社、华东野战医院、新华社华东前线分社、解放军官团等单位供稿。华东战场第一年歼敌32万多人。

《冀中画报》

冀中画报社编印，1947年7月7日创刊。

《大都会画报》(其一)

1947 年 9 月创刊，负责人彭翟明，发行人张元贡，月刊。1948 年 5 月出版第 7 期。在上海出版。

《新国民画报》

何毓昌发行，在南京出版，旬刊。1947 年 6 月出版第 1–3 期，7 月出版第 4–6 期，12 月出版第 19–21 期，1948 年 1 月出版第 22 期，2 月出版第 26 期。

《军事画报》

金鑫元编，大航海军事画报社出版，月刊。1947 年出版第 42、43 期，1948 年出版第 48、49 期。

《新闻画报》

在上海出版，1947 年 3 月出版第 79 期。

《艺海画报》

沈琪编，上海艺海画报社出版，月刊。1947 年 3 月出版第 2 期，9 月出版第 4 期。

《电影》(其二)

上海电影社编印，16 开。1947 年出版第 8–11 期，1948 年出版第 15、16 期。

《青青电影》

严次平编，上海青青电影社出版，旬刊。1947 年出版至第 15 卷第 12 期，1948 年出版第 1–30 期，16 开。

《新军画报》

1947 年 1 月创刊，南京云光出版社出版。

《新中国画报》

新中国画报社编，南京新中国画报社发行，1947 年 3 月复刊，1949 年 2 月出至第 16 期。

《士兵画报》

南京国际部新闻局编，士兵周刊社出版。1947 年 12 月出至第 18 期。

《浙赣路讯画刊》

浙赣铁路局出版委员会印行。1947 年出版第 3、4 期，1948 年 11 月已出至第 26 期。

《长春游艺画刊》

北平长春游艺画刊社出版发行。1947 年 1 月创刊至 3 月出版了 8 期。

《宇宙画报》（其二）

1947 年 4 月创刊，王润珊编，天津宇宙画报社发行，周刊。1947 年 10 月已出至第 3 卷第 1 期。

《霓裳画报》

曹总孙编，田士林发行，1947 年 8–10 月出版第 1–8 期。

《天山画报》（其一）

兰州天山画报社编，西北文汇建设协会出版，1947 年 9 月出版第 2 期，汉维文对照。

图5–18 《阜东画报》第1、4期封面。

《警察画报》

郭茂莲发行，在南京出版，月刊。1947 年 10 月至 1949 年 3 月出版第 7–15 期。

《时代日报·画刊》

1947 年 5 月至 1947 年 8 月刊行。

《阜东画报》

1947 年创刊，1948 年 9 月 10 日出版第 4 期。

第二节 1948-1949年画报画刊出版

这两年的画刊出版势头也很旺盛，有据可查的就超过100种，尤其是这一时期解放区的画刊出版种类繁多、数量惊人。画刊成为政治斗争、军事斗争的武器，成为鼓舞人民、教育人民的主要手段，成为可信消息的重要来源，成为中国共产党人向世人宣传政治主张的有效舞台，也成为中国人民革命斗争的历史记忆。

《今日画报》

创刊时间不详，月刊，南京今日画报社出版，高岭梅、吴韵武等编辑。内容有反映现实的各种图画，与政治、经济、社会有关的文章，文艺创作以及图片、漫画、木刻、素描、速写等。现存1948年7月至11月出版的第1-5期。停刊时间不详。

《华北画报》（其三）

由《晋察冀画报》改名而来，1948年6月出版。华北画报社编，华北军区政治部出版，8开2版，为连队读物。反映华北地区的政治、经济、军事等，图文并茂地反映了华北战场大捷的情况，以及农民打土豪分田地的照片，1950年停刊。前9期发行日期分别为1948年6月10日、1948年6月30日、1948年7月31日、1948年8月1日、1948年8月21日、1948年9月1日、1948年9月21日、1948年10月11日、1948年10月21日。照片拍摄者有高粮、高帆、杜荣春、袁苓、柳荫茎、郝建国、陈栋科、黎民。第3期摄影者注明为高帆、砂华、远展、孙良、杜荣春。第1期刊登启事说："晋鲁豫军区政治部人民画报社、晋察冀军区政治部晋察冀画报社奉命合并成立华北画报社，过去出版之《人民画报》《晋察冀画报》《晋察冀画刊》，今后改出《华北画报》与《华北画刊》。"落款为"华北军区政治部华北画报社启，5月27日"。

1949年4月21日出版第12期，8开，现存3–6页。第3页刊攻克新保安、攻克张家口的图片8幅，为袁苓、高宏、张新炳、黎民、冀连坡、韩荣志拍摄。第4页刊平津战役胜利光辉的文章，刊毛主席、朱总司令像，冀连坡拍摄的东北华北解放军胜利会师照片，袁汝逊拍摄的毙敌三十五军军长照片，袁苓拍摄的成千上万俘虏开拓新保安战场的照片，师（旅）级被俘军官16人的头像（拍摄者分别为赵彦章、纪志成、钟声、安康、袁汝逊、李光跃）。第5页刊200万人民欢迎解放军雄师进北平照片5幅，分别为杨振亚、高粮、高帆等拍摄，还刊有北平外围战斗胜利照片5幅，分别为孔繁根、流萤、高粮、江平等拍摄。第6页刊解放平津战斗摄影照片9幅，分别为林杨、杨振亚等拍摄。

《苏北画报》（新刊）

苏北军区政治部苏北画报社出版。8开2版。1948年9月30日创刊。管文蔚写的发刊词中说：

我们要学习毛主席朱总司令的思想作风，遵循他们的建军路线，不断地建设华中第一线第二线部队，因之我们应该把画中人民为何仇恨敌人，人民为何成千成万的涌进了解放军，为何英勇的、大量的、一批一批的歼灭敌人。留在后方的人民及一切党政工作者又为何的不分昼夜的勤劳生产，和为何的不顾一切疲劳的支援前线。以上这些可歌可泣的成绩，我们要典型的大众化的描刻出来，使我们有所学取和警惕。另一方面，我们又要与阅者群众取得密切的联系，从他们那里吸取指示，以不断改善我们的工作，这样，我们的工作将发生伟大的力量。

9月3日画报社“致读者、作者”中说：

一、为适应广大战士需要并发挥文艺之战斗作用，军区政治部特决定出版画刊《苏北画报》一种，目前因印刷条件限制，暂出8开2版。

二、凡有关战斗并配合当前政治任务，及解放区前线后方各种英勇动态，只要内容实际，能鼓舞士气，增强斗志，发扬革命英雄主义或适当表现所发生的不良现象的图画、木刻、诗文、歌曲、通讯等均受欢迎。

三至五段，未摘录。

1948年10月5日出版第1期，1948年10月30日出版第2期，1948年12月1日出版第3期，1948年12月15日出版第4期，1949年1月1日出版第5期（刊毛主席、朱总司令肖像）1949年2月1日出版第6期，1949年3月1日出版第7期，1949年4月1日出版第8期。该刊画作、木刻水平都较高。

《儿童世界画报》

上海儿童世界社出版，月刊，1948年12月出版第3期。

图5–19 1949年8月1日《苏北画报》第7期。

《特种兵画刊》

赵彦章、红枫、毕东、唐茂林、贾跃光等编，1948 年在京郊出版。

图5-20 《人民》画报和《战场》画报封面。

《人民》

晋冀鲁豫军区政治部出版，1948 年 2 月 25 日出版第 8 期特大号。内刊毛主席、朱总司令、刘伯承、邓小平肖像，《大反攻的号角打响动员准备大进军》照片 3 幅，《夜渡黄河天险》照片 2 幅，《鲁西南大捷、敌俘及蒋军之兵》照片 9 幅，《羊山集之战、歼灭陈诚部 66 师》照片 7 幅，《横越陇海路》照片 2 幅，《通过黄泛区》照片 3 幅，《强渡汝河》照片 3 幅，《抢渡淮河》照片 4 幅，《胜利到达大别山》照片 2 幅，《回到革命故乡大别山》照片 1 幅。

《星期日画报》

王霞村编，天津出版，1948 年 3 月创刊。

《黄河周刊》

天津黄河出版社出版，1948 年 6 月创刊。

《黑白》

1948 年 4 月创刊。又名《玫瑰画报》，也简称《画册》。上海黑白出版社出版。

《中华画刊》

周刊，中华日报社出版，1948 年 6–8 月出版第 1–8 期。

《中原画刊》

中国人民解放军中原野战军政治部出版，1948 年 9 月 30 日创刊，不定期出版，也有说为二野发行。

《天山画报》（其二）

上海天山画报社出版，1948 年出版第 2–4 期。

《上海警察画报》

1948 年 1 月创刊，上海市警察局编印，当年 2 月出版第 2 期。

《第七届全运会画刊》

上海申报馆编印，1948 年 7 月创刊。

图5-21 1948年《前锋画报》封面。

《影剧画报》

影剧画报社编，陈振刚发行，半月刊，1948 年 7 月出版第 5 期。

《趣味画刊》

1948 年 11 月创刊，上海一流书店编印。

《天津市》

1948 年 12 月创刊，天津市政府秘书室编印。

《西北画报》

1948 年 5 月创刊，兰州西北日报社编印。

《前锋画报》

1948 年 6 月 1 日出版第 8 期，九分区政治部前锋画报社出版。

《淮海战役画刊》

1949 年 2 月创刊，解放军八十团政治处编印，比 64 开略大，为油印连环画。

《江海画报》

华中九分区江海画报社出版，16 开，只刊图画，未刊照片。1949 年 4 月 9 日出版第 27 期，1949 年 4 月 27 日出版第 29 期。

《人民前线》

半月刊，1949 年 6 月仍在刊行，1951 年 1 月出版新第 3 期，四野四十六军主编，印 6000 份（也有记为 600 份）。

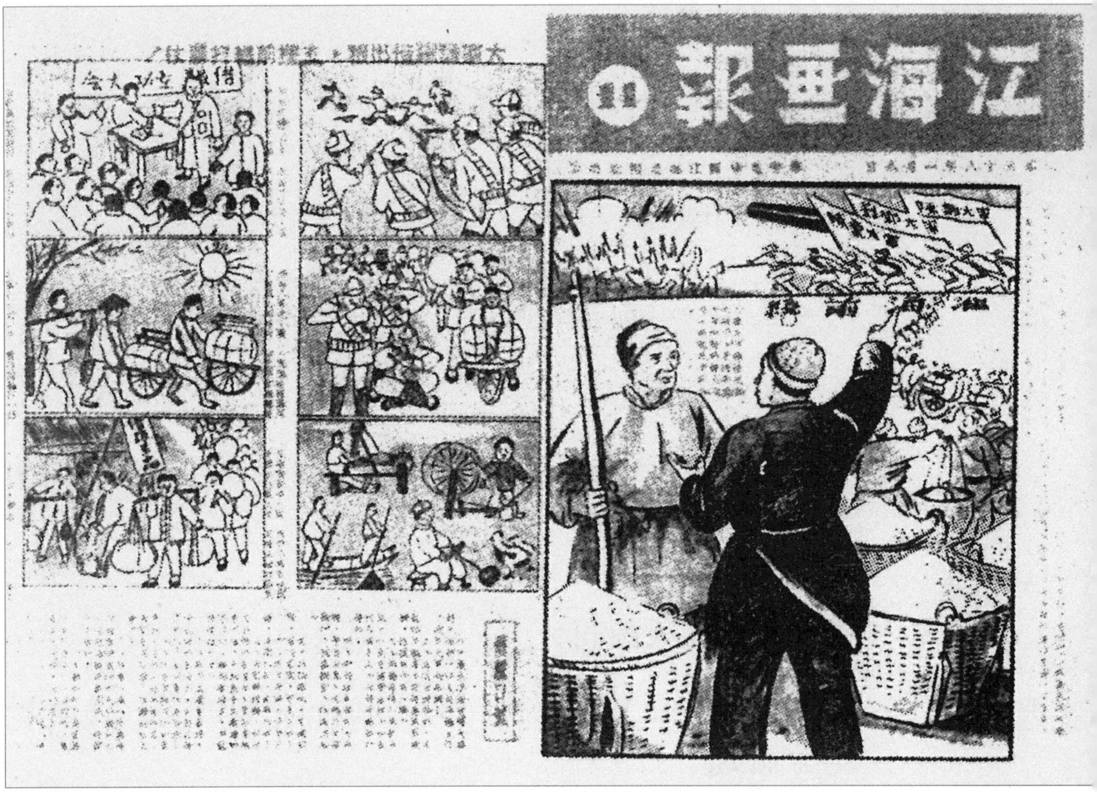

图5-22 1949年《江海画报》第11期。

《新军画报》

1949 年 1 月出版第 1 期。

《盐阜画报》

华东五地委之一的盐阜地委创办，1949 年出有第 17 期。

《淮海画报》

1949 年出版 1 期。

《前线画报》（其二）

1949 年 1 月创刊，四野政治部与华中军区政治部合编，当年 4 月出版第 8 期。

图5-23 1949年出版的《淮海画报》。

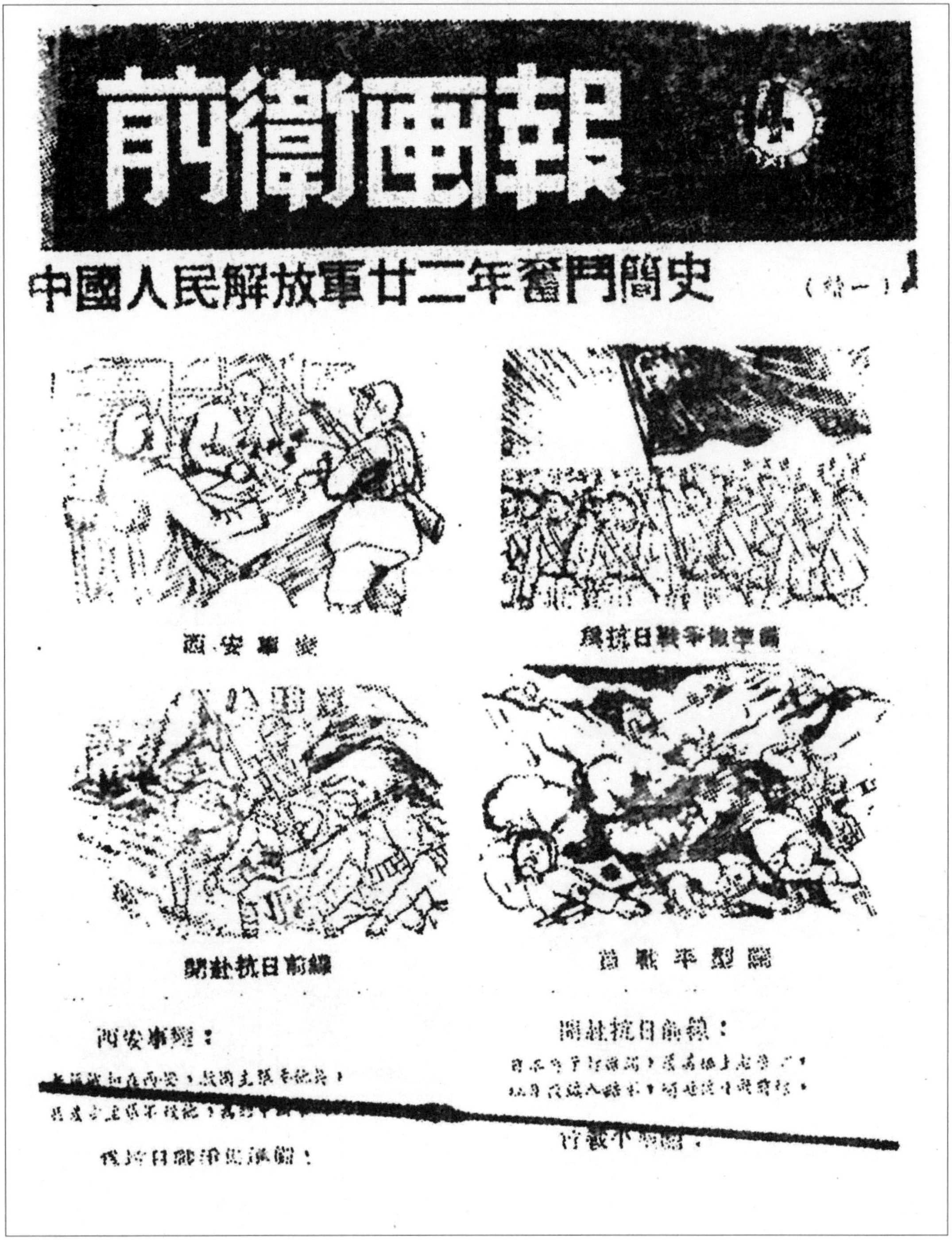

图5-24 1945年《前卫画报》封面。

《人民画报》（其三）

在江苏扬州出版，1949年7月至1950年5月刊行。五日刊，现存第128–139期、140–166期。

《前卫画报》

1949年1月1日创刊，华东鲁中南军区政治部出版，32开，横开本。用图和数字记录敌我两军变化的情况，还刊有时事漫画，柳欣绘图。1949年2月1日出有1期，封面刊毛主席、朱总司令像。作为部队教材，发至连队，向战士讲解宣传三大纪律，全为图画。

華東画報 43

膠東半島上

粉碎蔣匪最後攻勢

图5-25 1949年《华东画报》第43期。

《华东画报》

华东画报社编，16开。1949年3月刊出第49期，还编辑出版过“淮海战役特辑”，1949年4月1日刊出《给国民党官兵指出四条道路》。共刊照片22幅，有国民党高级军官头像及其在解放区生活、学习的照片。

《人民炮兵》

1949年华北军区出版，刊有图画6幅。

《支前画报》

1949年3月12日创刊，华东支前委员会政治部编，内刊绘画，大16开。

《冀南画报》

冀南美术社出版，印200份。

《前进画报》

半月刊，1949年5、6月出版，印行600份。1951年1月出版新1期。

《连队画报》

二〇五师政治部编印，二一〇师也有出版。刊有新闻、顺口溜，用脱兰纸印制，图像清楚。

《新津画报》

1949 年 1 月创刊。

《农民画报》（其二）

新闻摄影局出版，月刊，孙桂琴编，在《人民画报》即将出版之前出有一本试刊。

《嫩江画报》

1949 年 4 月在齐齐哈尔出版，半月刊。

《渤海画报》

五日刊，在怵阳出版。1950 年 1 月 24 日至 5 月 30 日出版第 90-106 期，现存第 94、97、101、102、103 期。

《辽东画报》

1949 年 8 月创刊，可能在丹东出版，半月刊。

《1949 华北军大纪念画刊》

1949 年出有两期。

《西南画报》

裴植、高帆主编，1949 年重庆西南画报社出版，袁克忠任系通股股长，流萤任副股长。他原是袁克忠的上级，后在八一电影制片厂工作。画报社的工作人员后来分去八一厂和国家体委二处。

《新台湾画报》

“台湾省行政公署宣传委员会”编印，月刊，夏涛声发行，在台北出版。1949年1月31日创刊，至当年10月出版第10期。

中国画报画刊一览表（1872 – 1949）

1872 年
《中西闻见录》

1874 年
《小孩月报》（其一）
《小孩月报》（其二）

1975 年
《小孩月报》（其三）

1876 年
《格致汇编》

1877 年
《寰瀛画报》

1880 年
《益画新报》
《花图新报》

1884 年
《申报画报》
《点石斋画报》
《绘图画报》
《国画演说报》

1888 年
《成童画报》

1889 年
《厦门画报》

1890 年
《飞影阁画报》

1892 年
《中西画报》

1894 年
《新闻报馆画报》

1896 年
《飞云阁画报》

1897 年
《沪江书画报》
《书画报》

1899 年
《海上日报画报》

1900 年
《双管阁画报》

1901 年
《画报》（其一）

1902 年
《飞影阁大观画报》
《时事丛谈》
《图画演说报》
《启蒙画报》

1903 年
《书画谱报》
《奇新画报》
《集益书报画》

1904 年
《东方杂志》
《时报》

1905 年
《白话新民画报》
《北京时事画报》
《恒通馆画报》
《不缠足画报》
《成都画报》
《时事画报》（其一）

1906 年
《京师新铭画报》
《星期画报》（其一）
《科学画报》
《生香馆画报》
《醒世画报》（其一）
《林月报》
《启民爱国报》
《家师新铭画报》
《丙午星期画报》
《开通画报》
《醒俗画报》
《人镜画报》
《北京画报》（其一）
《赏奇画报》
《图画日报》（其一）

1907 年
《醒华日报画刊》
《滑稽魂》
《图画新闻》（其一）
《双日画报》
《时事画报》（其二）
《时事画报》（其三）
《神州五日画报》
《民呼画报》
《时谐画报》
《日新画报》
《时事报图画杂组》

1908 年
《当日画报》
《蒙学画报》
《舆论日报图画》
《浅说日日新闻画报》
《舆论日报》
《醒华》
《社镜画报》
《神州国光集》
《北京白话图画日报》

1909年
《新闻图画》
《新世界画报》
《正俗画报》
《启智画报》
《白话报画报》
《白话图画日报》
《图画新报》
《时事报图画新闻》
《舆论时事图画》
《燕都时事画报》
《民呼日报图画》
《图画日报》（其二）
《通俗画报》（其一）
《时事报图画旬报》
《北京醒世画报》
《舆论时事报图画新闻》

1910年
《彤管清芬录》
《申报图画》
《小说画报》（其一）
《天铎报》
《民立画报》
《上海杂志》

1911年
《时事新报（画刊）》
《震旦日报》
《北洋旬日画报》
《民辛画报》
《时事新报》
《图画报》
《平民画报》
《图画灾民录》
《近事画报》

1912年
《天铎附送画报》
《民权画报》
《大革命写真画》
《时报馆附送画报》
《经纬画报》
《民国新闻》
《民强画报》
《真相画报》
《大共和星期画报》

1913年
《人镜画报》

1914年
《中华儿童画报》
《福幼报》
《湘汉新闻》
《大共和画报》
《兵士杂志》
《寅报画报》
《京师教育画报》

1916年
《小说画报》（其二）

1917年
《神州画报》
《小说画报》（其三）

1918年
《图画剧报》
《正俗画报》
《戊午周报》
《世界画报》（其一）
《上海泼克》

1919年
《醒世画报》（其二）
《画报》
（其二）

1920年
《申报图画增刊》
《图画时报》
《中国画报》（其一）

1922年
《儿童画报》（其一）
《中日美术》
《神州吉光集》

1924年
《图画世界》（其一）
《浙江战事画报》

1925年
《小画报》（其一）
《明星画报》
《星期画报》（其二）
《上海画报》
《三日画报》
《孔雀画报》
《环球画报》（其一）
《联益之友》
《紫兰画报》
《紫葡萄》
《星期画报》（其三）
《游艺画报》
《世界画报》（其二）
《西湖画报》
《摄影画报》
《大方》

1926年
《小朋友画报》（其一）
《东方画报》（其一）
《工人画报》
《杭州画报》
《平面图画周刊》
《良友》
《艺观画报》
《太平洋画报》（其一）
《北洋画报》
《新银星与体育》
《北京画报》（其二）
《通俗画报》（其二）

1927年
《京津画报》
《影戏画报》
《农民画报》（其一）
《湖北农民画报》
《山东农民画报》
《大亚画报》
《珠江星期画报》
《新天津画报》
《红玫瑰画报》
《革命画报》
《国民》
《华北影报》
《十四军政训处画报》
《天鹏》

《精武画报》
《西厢画报》

1928 年

《开麦拉》
《民众画报》（其一）
《每周画报》
《中国画报》（其二）
《图画京报》
《中国画报》（其三）
《少年画报》（其一）
《绿叶画刊》
《丁丁画报》
《醒狮画报》
《天津华北画报》
《天趣画报》
《美育杂志》
《一乙画刊》
《艺林旬刊》
《华北画报》（其一）
《蜀镜画报》
《国闻画报》
《骆驼画报》
《今代妇女》
《中央画报》（其一）
《北平画报》
《香花画报》
《美美画报》
《日跃画报》
《中央画报》（其二）
《霞光画报》
《三六九画报》
《常识画报》

1929 年

《银幕舞台画报》
《沈水画报》
《生命与健康画报》
《幽兰旬刊》
《柯达画报》
《农业画报》
《春明画报》
《安琪儿图画周刊》
《华芳》
《新闻画报》（其一）
《中国学生》
《华北画刊》
《学报》
《中央图画月刊》
《大晶画报》
《新民画报》（其一）
《银镫画报》
《环球》
《皇后画报》
《影报》
《中央画刊》
《文华》
《玲珑画报》
《民言画报》
《时代画报》
《新京画报》
《宇宙画报》（其一）

1930 年

《环球画报》（其二）
《常报》
《辽宁新报星期画刊》
《璨烂画报》
《白鹅画报》
《现代画报》（其一）
《民众画报》（其二）
《金石画报》
《非非画报》
《太平洋画报》（其二）
《妇女》
《时事新报（1930 年元旦增刊）》
《时事新报（1930 年国庆图画增刊）》
《时事新画》（其一）
《闽西画报》
《永定画报》
《江苏画报》
《金刚画报》
《艺友艺术》
《上海工人纠察队 1930 年第一次大检阅特刊》
《公安画报》
《图画周刊》
《新闻报图画附刊》
《天津商报图画周刊》
《中华》
《青心画报》
《实话》
《时事新报图画增刊》
《电影画报》（其一）

1931 年

《玲珑》
《庸报画报》
《夸父画报》
《小学生画报》
《图画月刊》（其一）
《湘珂画报》
《北晨画报》
《东方画报》（其二）
《儿童乐园》
《通俗教育画报》
《中华画报》
《摩登》
《日本侵占东北真相画刊》
《河北博物院画刊》
《青春旬报》
《女学生杂志》
《新民画报》（其二）
《黑龙江战事画刊》

1932 年

《图画时报上海战刊》
《天津画刊》
《晨报副刊》
《大北新报画刊》
《中华新闻画报》
《国剧画报》
《战事画刊》（其一）
《锦州战事画刊》
《河北省县市自治画报》
《国际现象画报》
《平报》
《小世界》
《图画晨报》
《人报》
《中国生活》
《汕头画报》
《儿童画报》（其二）
《革命军人画报》
《银画》
《哈尔滨五日画报》
《革命军人画报》
《健而美影刊》
《红星画报》

1933 年

《全国运动会专刊》

《申报画报（全运会纪念特刊）》
《新时代文艺画报》
《防空露布》
《沈阳画报》
《电影画报》（其二）
《每日画刊》
《今日中国》（其一）
《中华月报》
《青青画报》
《互通画报》
《新华画报》（其一）
《风月画报》
《联华画报》
《生活画报》（其二）
《斗争》
《春耕画报》
《榆关战事画刊》
《妇人画报》
《明星》
《小画报》（其二）
《生活画报》（其一）
《选举运动画报》
《军人画报》
《民国日报画报》
《导光》
《东南日报杭州民国日报联合出版画报》
《杭州民国日报画报》
《民众画报》（其三）
《大众画报》（其一）
《现象画报》（其一）

1934 年

《金石书画》
《美术杂志》
《武汉画报》
《大上海图画杂志》
《图画旬刊》
《海岱画刊》
《时报·号外画报》
《健美月刊》
《三民画刊》
《号外画报》
《字林画报》
《游艺画报》
《申报图画特刊》
《社会画报》
《美术生活》
《高级儿童常识画报》
《北晨画刊》
《印刷画报》
《万象画报》
《铁展》
《文艺风景》
《青岛画报》
《中华日报画刊》
《旬报》
《文艺画报》（其一）
《斯民》
《大陆画报》
《浙江新闻图画增刊》
《文艺画报》（其二）
《图画月刊》（其二）
《小朋友画报》（其二）
《进化》
《影画》

1935 年

《航空画报》
《常识画报》
《女神》
《铁血画报》
《趣味新型图画半月刊》
《好男儿》
《群众小说画报》
《天津晶报》
《大都会画报》（其一）
《健康生活》
《好莱坞》
《北平晨报元旦增刊》
《现代画报》（其二）
《重庆画报》
《我的画报》
《人生画报》（其一）
《唯美》
《妇女生活》
《妇女生活图画杂志》
《春色》
《防空画刊》（其一）
《世界画报》（其三）
《生生》
《现象画报》（其二）
《电通》
《人生旬报》
《真光影录》
《声色画报》
《苏州画报》
《胜利画报》（其一）
《中级儿童常识画报》
《东南日报画刊》
《第六届全运会画刊》
《国际画报》
《时事新画》（其二）
《扫荡画报》
《世界军情画报》

1936 年

《摄影界》
《声色周刊》
《艺华画报》
《西北新闻》
《图文画报》
《中国画报》（其四）
《防空画刊》（其二）
《明晶艺术旬刊》
《明晶摄影》
《艺观》
《玫瑰画报》
《特写》
《天津艺华半月刊》
《东南画报》
《大公画刊》
《儿童科学画报》
《新华画报》（其二）
《语美画刊》
《紫房子画报》
《竞乐画报》
《天民报图画副刊》
《小小画报》
《知识画报》
《快镜》
《滑稽画报》
《战事画刊》（其二）
《燕化画报》

1937 年

《竞乐画报》
《青年知识画报》
《世界猎奇画报》
《少年画报》（其二）
《抗战画报》
《良友战事画刊》

《抗日画报》（其一）
《战事画刊·晋北战场特辑》

1938年
《八路军杂志》
《抗日画报》（其二）
《战动画报》
《大路》
《战时画报》
《大时代 》
《战事画报》
《中国画报》（其五）
《沙漠画报》
《东西画报》
《东方画刊》
《大美画报》
《抗日画报》（其三）
《远东画报》（其一）
《阵中画报》
《大时代图画杂志》
《滑稽》
《摩登》
《第二次世界大战画报》
《首都画刊》
《大地画报》

1939年
《建国画报》
《电影新闻》
《首都画刊》
《大众画刊》
《展望》
《世界画报》（其四）
《伶星画报》
《新中华画报》
《天下》
《今日中国》（其二）
《世风》
《369画报》
《十月画刊》
《少年中国画报》

1940年
《战时后方画刊》
《国际图画杂志》
《工会画刊》
《胜利画报》（其二）
《抗战通俗画刊》
《中国画刊》
《大众画报》（其二）
《儿童画刊》
《抗战画刊》
《征训画报》
《大陆画报》
《国际》
《抗建通俗画刊》
《图画新闻》（其二）
《抗建画刊》
《妇女新都会》
《青年良友》
《远东画报》（其二）
《游艺画刊》
《铁风画刊》
《工合画刊》
《华北映画》

1941年
《解放画报》
《抗敌画报》
《华北画报》（其二）
《摄影纲》
《广西画报》
《世界画报》（其五）
《每月科学》
《新广东画报》
《大美晚报元旦增刊》
《天地画报》（其一）
《新广东画报》
《建军画报》
《前线画报》（其一）

1942年
《街头画报》
《国民新闻画报》
《胜利画报》（其三）
《大东亚战争画报》
《晋察冀画报》
《联合画报》

1943年
《田家画报》
《精忠画报》
《战场画报》
《中美图画合壁报》
《大战画集》

1944年
《天地画报》（其二）
《银线画报丛书》
《胶东画报》（其一）
《都市生活画刊》
《青年画报》
《中美图画壁报》
《胜利通俗画报》
《新艺画报》

1945年
《自由画报》
《苏中画报》
《先路》
《儿童画报》（其三）
《星岛画报》
《上海图画新闻》
《国情画报》
《中艺》
《努力画报》
《人生画报》（其二）
《战友画报》
《冀热辽画报》
《庆祝胜利画刊》
《国际新闻画报》
《胜利画报》（其四）
《中华图画杂志号外》
《大同周报画刊》
《大华图画杂志》
《寰球杂志》
《寰球画报》
《东北画报》
《新生画报》（其一）
《特写图画杂志》
《凯旋画报》
《特写画报》
《天津民国日报画刊》
《好莱坞电影画报》
《台湾青年画报》

1946年
《行军画报》
《人民画报》（其一）
《高永来连摄影专刊》
《胶东画报》（其二）
《山东画报》
《大众画报》（其三）

《新闻画报》（其二）
《明报画刊》
《美丽画报》
《青白画刊》
《人民画刊》
《青白》
《滨海画报》
《图画世界》（其二）
《社会画报》
《清华图画周刊》
《中国画报》（其六）
《春明画刊》
《新生画报》（其二）
《国风画报》
《艺威画报》
《力行》
《和平日报·和平画刊》
《西蒲画报》
《147画报》
《电影》
（其一）
《新星画报》
《益世报·益世画刊》
《香港画报》
《文汇半月画刊》
《文艺半月画刊》
《图画风》
《文汇报·半月画刊》
《星期六画报》
《推广画报》
《导报画刊》
《解放日报》
《人民画报》（其二）
《上海》
《申报·第六周画刊》
《大公报·大公画刊》
《大晚报·星期画刊》
《艺术画报》
《艺文》
《中央日报·图画周刊》
《天津画报》
《安琪儿画报》
《小扬州画报》
《香港》
《滑翔》

1947年
《健与美》
《红叶画报》
《天津国民日报画刊》
《友谊画报》
《战线画片》
《军事画报》
《新闻画报》（其三）
《艺海画报》
《电影》（其二）
《青青电影》
《新军画报》
《新中国画报》
《士兵画报》
《浙赣路讯画刊》
《长春游艺画刊》
《天山画报》（其一）
《警察画报》
《阜东画报》
《春秋画报》
《冀鲁豫画报》
《农村生活》
《宇宙画报》（其二）
《菏泽画报》
《时代日报·画刊》
《天山画报》
《新国民画报》
《生生画刊》
《星期五画报》
《新郓北画报》
《农村画报》
《冀中画报》
《摄影纲通讯》
《时代风画报》
《霓裳画报》
《大都会画报》（其二）
《中国人民爱国自卫战争华东战场第一年画刊》
《扶风画报》

1948年
《今日画报》
《儿童世界画报》
《特种兵画刊》
《人民》
《黄河周刊》
《天山画报》（其二）
《影剧画报》
《前锋画报》
《上海警察画报》
《星期日画报》
《黑白》
《西北画报》
《中华画刊》
《第七届全运会画刊》
《苏北画报》
《中原画刊》
《华北画报》（其三）
《趣味画刊》
《天津市》

1949年
《江海画报》
《人民前线》
《盐阜画报》
《淮海画报》
《前进画报》
《人民画报》（其三）
《华东画报》
《人民炮兵》
《冀南画报》
《连队画报》
《农民画报》（其二）
《渤海画报》
《西南画报》
《前线画报》（其二）
《前卫画报》
《新津画报》
《新台湾画报》
《淮海战役画刊》
《支前画报》
《嫩江画报》
《辽东画报》

后　记

我母亲庞秀生于光绪二十七年（1901年）五月十九日，因患耳炎，乡村医生用错了药，于民国二十四年（1935年）十月十五日故去，享年35岁。生有两子，长子彭炳煊，次子彭忠华（现名彭永祥）；生有两女，彭忠富和彭忠贵。

母亲临终时教我们把两个妹妹带大，我就不去上私塾了。我们兄妹在饥寒交迫下，成天流泪叫妈妈。之后我们兄妹幸得长大。大哥和两个妹妹都活到近80岁先后去世，安息故土，只有我到今天91岁了还健在。

1939年前我家已被地主抽佃，生活十分艰难，有生活不下去的态势。1940年父亲给我5角钱，跟同乡到重庆谋生。在重庆找到一份手摇油印机的工作，每月3元的收入。第一次发薪，我就用2元多买了一本“小学升学指导”，有空就学习。因为，我知道，要想找份好的工作，就必须有学识。

抗战时，重庆的学校不收东北流亡学生与孤儿的住宿费与伙食费。我先考上重庆的“国立劳作师范学校”学习，该校学生与老师大都是南方人。继又考上重庆“国立造纸印刷职业学校”，学校有大印刷厂，可学到照相制版技术，我学了两年。后在报上见到昆明有个短期摄影训练班，我考上了。抗战胜利前夕，我毕业后就分派到四川、南京等地做暗房工作。又考上南京“中华新闻专科学校”夜校，晚上读书。该校收费高，我借了点钱才去就读。1949年春，我在同学的帮助下，在中国共产党创办的南京太平门自治小学教六年级语文。在党的指引下为革命做了些工作，得到副校长吴国斌（中共地下党员）的多次鼓励。

1949年南京解放，我即参加革命。从1950年起直至1988年退休，我都在新闻摄影局（后为新华社摄影部）工作。期间到北京大学学习，取得北大颁发的大学文凭，学杂费由工作单位报销。稍后被评为副研究员。我想上大学的愿望实现了，感谢党的教育培养！

我的工作是搜集古今摄影书刊、影集、画刊。到1957年已初步建成丰富的摄影图书室，为本部门报道、研究提供了大量参考及使用资料。

我专门做摄影图书室工作六七年后，已汇集到古今中外摄影书刊两万多种（册）。抗战前（1937年）我国出版的画刊已搜集到471种，中共从1926年起至1949年在江西、延安，抗日根据地、抗日游击区出版的画报近300种，总计约800种。

我了解到这些资料的价值，同志们也要求我写文简介。于是，我从1957年起，陆续写了50多篇文章，约15000多字，多家摄影报刊先后刊出。内容以中国摄影发展史为主，包括与辛亥革命、反帝反侵略斗争、抗日战争相关的摄影史料等等。

我所搜集的1872年至1949年期间出版的近800种画报画刊，早期多刊绘画，后来才刊照片。现已汇集成册，交由中国摄影出版社出版。

彭永祥

2014年4月